Über dieses Buch

Alte Geschichten haben bis in die Gegenwart einen unmittelbaren Zauber bewahrt. Auch das Antimärchen der sechziger Jahre signalisierte nur scheinbar eine gegenläufige Bewegung und stand hoch im Kurs. In einer märchenarmen Zeit vollbrachten die ›Bremer Stadtmusikanten‹ als »Rentnerkollektiv« die erste gelungene Hausbesetzung, die Königstochter im ›Froschkönig‹ wurde durch ihre erste heterosexuelle Erfahrung vom Autismus befreit. Psychoanalytiker und Politologen griffen in polemisch-satirischer Absicht nach dem behüteten Schatz deutscher Volks- und Hausmärchen. Sozialreportagen und Psychogramme, als Märchen getarnt, kamen in Mode.

Doch »wie immer man erzählt, es kommt allemal etwas Falsches dabei heraus«. Trotz dieses Seitenhiebes gegen die Märchenerzähler und Forscher der sechziger Jahre unseres Jahrhunderts, versteht der Autor dieses Buches, seine eigene Aussage im Sinne einer guten Sache geschickt zu umgehen. Auch er erzählt eine Geschichte, die den Anspruch auf Wahrheit erhebt.

Anhand eines einzigen Märchens, dem Rotkäppchen, wird detektivische Spürarbeit geleistet, in einer Landschaft, deren historische Konturen soeben durch die moderne Raumplanung zerstört werden. Professor Wainbrasch, Heimatforscher und Held der Geschichte, vor seiner Freundschaft mit dem amtierenden Bürgermeister aktiver Bürgerrechtler in Sachen Umwelt, bringt mit quasi archäologischen Methoden, assistiert vom spurentreuen Dackel Fidus, die Strukturen einer längst vergangenen Geschichte ans Licht: die Sozialgeschichte des Rotkäppchen-Märchens.

Dieses Glanzstück der Märchenforschung, vom Autor wissenschaftlich analysiert und kommentiert, wurde jedoch mitnichten für Germanisten und Volkskundler vollbracht. Will auch der Autor die Produkte genialer Märchenfälscher wie Iring Fetscher und Tomi Ungerer nicht unterschlagen, entscheidend ist: bei der von Professor Wainbrasch rekonstruierten Begebenheit handelt es sich um die einmalige Rettung einer alten Geschichte, denn die Aufdeckung der alten Rotkäppchen-Handlung gelang, ehe die neue Autobahntrasse alle Spuren der Naturszenerie des Märchens zu tilgen vermochte.

So liegt in den beschwörend einfachen Eingangsworten des Märchens »Es war einmal…« mehr explosiver Zündstoff, als Liebhaber alter Geschichten wahrhaben möchten.

Heinrich E. Kühleborn

Rotkäppchen und die Wölfe

Von Märchenfälschern und Landschaftszerstörern

Fischer Taschenbuch Verlag

Lektorat: Ingrid-Maria Gelhausen

Zeichnungen u. Skizzen: Dieter Wenz
Fotovorlagen: Wolfdietrich Eidmann

Originalausgabe
Fischer Taschenbuch
November 1982
Fischer Taschenbuch Verlag GmbH, Frankfurt am Main

Umschlaggestaltung: Jan Buchholz/Reni Hinsch
Satz: Fotosatz Otto Gutfreund, Darmstadt
Druck und Bindung: Hanseatische Druckanstalt GmbH, Hamburg
Printed in Germany
680-ISBN-3-596-25741-7

Inhalt

›Wem sonst als Dir‹
Hölderlin

Vorwort

Fachliches Interesse und freundschaftliche Hochachtung leiten mich, die Forschungen meines Kollegen Professor Wainbrasch, der aus Bescheidenheit nur in lokalen Blättern publiziert, einem größeren Leserkreis zugänglich zu machen.
Zu Beginn der Einleitung wird der Autor eines vor etwa zehn Jahren veröffentlichten »Märchenverwirrbuches« vorgestellt. Er verdankte es, nach eigenem Zeugnis, »der Langeweile universitärer Selbstverwaltungssitzungen«, ferner der Daumenoperation eines französischen Chirurgen. Auch mir ermöglichten einige Klinikaufenthalte im Herbst des Jahres 1980, ohne Inanspruchnahme von Dienstzeit diese Aufzeichnungen und Interpretationen vorzubereiten. Ich danke insbesondere dem Unfallchirurgen eines Schweizer Altenpflegeheims und einem bekannten hessischen Traumatologen, mir durch gelungene Operationen mit nachfolgender Immobilisierung des linken Beines die Muße für diese nicht einfachen Darlegungen ermöglicht zu haben. Aber Weitschweifigkeit ist hier nicht am Platze, Vorworte sollten textlich und stilistisch knapp angelegt sein. Also, auch der Autor jenes »Märchenverwirrbuches« mußte erst in den Daumen geschnitten werden, um zu produzieren.
Mein Dank gilt nicht zuletzt dem Dackel Fidus, der in fast mythisch anmutender Spursicherheit die Aufdeckung einer wahren Geschichte – und die muß man heute suchen wie die Stecknadel im Heuhaufen – erst ermöglichte.
Die gelegentlichen Erwähnungen hessischer progressiver Landesplanung bitte ich zu entschuldigen. Sie sind im Sinne von Professor Wainbrasch nicht als Kritik aufzufassen, sondern als Zustimmung zu einer Wirtschaftspolitik, die das verträumte Armenparadies endlich zum bundesdeutschen Kernland (sozusagen zum »Land der Mitte«) geformt hat. Man möge mir in einem Vorwort diesen ideologischen Hinweis nach guter deutscher Tradition erlauben.
Die hier vorgelegte Geschichte hat – es ließ sich nicht

vermeiden – einen realen Hintergrund. Die Ortschaften und Lokalitäten gibt (oder gab) es wirklich. Auch die Personen sind (oder waren) vorhanden, nur wurden die Namen aus juristischer Pietät entstellt. Doch wenn man mit den Regeln der dekonfusiologischen Narrativik (der entwirrenden Erzählforschung) den Kern wahrer Geschichten herausschälen will, kann man nur behutsam – aus verlegerischen Rücksichten – das Ergebnis wieder fiktiv verschleiern.
Möge der Leser Verständnis haben für die vielen verwirrenden Details. Ich versichere: das ist nur die Spitze des konfusiologischen Eisbergs.

Der (pseudonyme) Herausgeber

Einleitung in die dekonfusiologische Narrativik

Gelehrte Abhandlungen sollten mit Fußnoten beginnen.
Iring Fetscher hat in seinem Märchenverwirrbuch[1] eine Deutung auch des Rotkäppchenmärchens versucht[2], die ganz und gar nicht befriedigen kann. Ebensowenig ist es den phantasievollen hessischen Schülern, die sich durch Fetscher hatten anregen lassen, gelungen, dem Wahrheitsgehalt näher zu kommen, im Gegenteil[3]. Es gibt eine Unzahl von Interpretationsversuchen dieses bekanntesten aller Grimmschen Märchen[4], die aber letztlich immer in Variationen oder neue Versionen ausarten. Den Gebrüdern Grimm voraus liegt die Sammlung von Charles Perrault, der in irgendeiner Form auf die mündliche Erzähltradition in Hessen gewirkt haben muß[5]. Aber beide unterstehen bereits, wie wir sehen werden, den Regeln der konfusiologischen Narrativik oder der narrativistischen Konfusiologie[6].

1 Zuerst erschienen als Lizenzausgabe im Claassen Verlag, Hamburg und Düsseldorf 1972, dann zwei Jahre später in der vom Herausgeber benutzten Taschenbuchausgabe: Iring Fetscher, Wer hat Dornröschen wachgeküßt? Das Märchenverwirrbuch. Frankfurt/M. 1974 (Fischer Taschenbuch 1446).
2 a.a.O., S. 24–32.
3 a.a.O., Nachwort S. 152/153.
4 Die Kinder- und Hausmärchen der Brüder Grimm. In ihrer Urgestalt herausgegeben von Friedrich Panzer. Zwei Teile. Hamburg 1948. Darin steht das Rotkäppchen-Märchen, in zwei Fassungen, Seite 78–81.
5 Zuerst in Moetjens *Recueil* 1697, im gleichen Jahr als Histoires ou Contes du Temps Passé, avec des Moralités. À Paris. Chez Claude Barbin. – Vom Herausgeber benutzt wurde eine bibliophile Ausgabe: Les Contes de Perrault, Paris o. J., mit Gravierungen. Darüber mehr: Seite 48f.
6 Das ist die Kunst der verwirrenden Erzählmethode oder der

Schon früh, eigentlich sofort nach der aktuellen Entstehung alter Geschichten, wird der Wahrheitsgehalt verschleiert. Die Gründe hierfür müssen im einzelnen erörtert werden, denn die konfusionellen Motive wechseln. Und ist eine Geschichte erst einmal aus dem Lot, so kann das Pendel der Interpretationen abenteuerlich nach allen Richtungen ausschlagen, was man im Vergleich von Vorlage und – um ein eklatantes Beispiel zu geben – germanistischen Deutungsversuchen leicht erkennen kann.
So ist es nicht verwunderlich, wenn nach den Hausmärchen der Gebrüder Grimm – sind sie nicht längst deutschdeutsches Volkseigentum geworden? – immer wieder neue Versionen auftauchten, nicht zuletzt gerade zum Rotkäppchen-Märchen. Ihnen allen ist gemeinsam der (berechtigte) Zweifel an der Fassung der philologisch sonst so sauberen Brüder, und es ist nachgerade erstaunlich, wie nahe einzelne moderne Kritiker, in Teilbereichen zumindest, den Kern der vorausliegenden wahren Geschichte streifen. Eines ist auch von so angesehenen Märchenforschern wie Max Lüthi und Will-Erich Peuckert nie bezweifelt worden[7], und erst vor einigen Jahren hat mein Kollege Hans Traxler[8] an einem anderen Beispiel den Beweis dafür angetreten: Eine Märchenfassung ist die sekundäre Verschleierung einer wahren Geschichte aus unterschiedlichen Motiven heraus. Jede Erzählung ist eine Variation der Wirklichkeit. Die Urfassung, wie schon von Herder und seinem Lehrer Hamann geahnt[9], gilt es zu entdecken. Die narrativische Regel

erzählerischen Verwirrung. – Die ersten Lehrstühle wurden im 18. Jahrhundert eingerichtet, u. a. 1740 in Marburg, nachdem der Aufklärungsphilosoph Christian Wolff aus Protest gegen die steilen Treppen jene Bergstadt verlassen hatte.

7 Max Lüthi, Das Europäische Volksmärchen, Form und Wesen. 3. Aufl. Bern und München 1968. – Will-Erich Peuckert, Deutsches Volkstum in Märchen und Sage, Schwank und Rätsel. 1938 (Vorsicht!).

8 Hans Traxler, Die Wahrheit über Hänsel und Gretel. München 1963 (Heyne Taschenbuch 375).

9 Johann Gottfried Herder (1744–1803), Lehrer, Prediger,

lautet: **Jede Geschichte hat einen wahren Kern.** Phantasie dagegen ist ein menschliches Folgeprodukt, ist geträumte Wirklichkeit.
Die Antriebe zur Betätigung auf dem Feld der modernen konfusiologischen Narrativik können ganz verschiedene sein. So hat Iring Fetscher im Vorwort seines Märchenverwirr-Beitrages (der leider nicht den Rang seiner sonstigen Fachveröffentlichungen erreicht) darauf hingewiesen, daß er seinen Anstoß der unglaublichen Langeweile universitärer Kommissionssitzungen verdanke[10].

Lieber Leser! Falls auch Sie sich langweilen: ab Seite 17 wird es spannend.

Die größte Gefahr beim Interpretieren Grimmscher und anderer Märchen liegt im Verallgemeinern, im zu allgemeinen Psychologisieren, im Ideologisieren. Solche Methoden führen geradewegs in die konfuse Narration[11], wie Fetschers Versuche klar darlegen. Es ereilt den Konfusiologen das Schicksal, dem er entschlüpfen möchte: er bietet neue Irrungen. Die Maxi-

Literaturphilosoph. Bekannt durch seine Volksliedersammlung (1807 als »Stimmen der Völker in Liedern«). Sprache und Poesie waren für ihn Ausdruck der Schöpfung; Dichten und Denken sind eine Einheit. Er liefert, wie sein Lehrer Hamann, wunderschöne Beiträge zur entstehenden Konfusiologie.
Johann Georg Hamann (1730–1788), aus dem gleichen dunklen Nordosten. Von ihm lernte Herder das Klopfen tiefsinniger Sprüche, die von Generationen irrationaler Literaturwissenschaftler nachgebetet wurden.
Da Hamann einer der Lieblingsschriftsteller des alten Wainbrasch war, bleibt uns eine Begegnung an späterer Stelle (Seite 17) nicht erspart.

10 Insbesondere die Beratungen zum hessischen Hochschulgesetz haben ihm Gelegenheit zur Märchenverwirrung gegeben. Ist es nicht erstaunlich, wie nun seinerseits das Hochschulgesetz märchenhafte Züge angenommen hat im konfusiologischen Versuch, die tatsächlichen Verhältnisse zu verschleiern? Sollten Autoren wie Iring Fetscher dazu beigetragen haben? – Man wird den Verdacht nicht los, daß es bei den umstrittenen Hessischen Rahmenrichtlinien Deutsch nicht anders zugegangen sei. Hier eröffnet sich ein weites Feld für die moderne Märchenforschung. (Diese Anmerkung sei einem Philologen gestattet.)

11 Da die Lateinkenntnisse im Zuge der Hochschulreform allenthalben abnehmen, möge der Terminus eingedeutscht

me des Hi Hi-Hao-Dsu (2500 v. Chr.): »Verwirren können – selbst der Verwirrung entgehen...«[12] hat dann leider nicht die erstrebte Wirkung[13]. In der Epoche nach Freud war die Lust am Psychologisieren, nämlich die Urgründe der Gründe freizulegen, ein wichtiger Schritt auf dem Wege der Dekonfusion. Aber die Gründe nur der Urgründe wegen zu untersuchen führt hinwiederum in die Irre, denn beide müssen an der Wirklichkeit (Realität) überprüft werden, wie es Traxler in seinem bereits gelobten Werk getan hat[14].

Nur sollte man mit den oft gutgemeinten Bemühungen der Interpreten – gibt es doch auch wohlmeinende Konfusiologen – nicht zu hart ins Gericht gehen, denn immerhin gilt die narrative Regel: **Es ist besser, eine Geschichte falsch zu erzählen, als sie ganz zu verschweigen**[15]. Die Absicht der Einleitung ist lediglich, einige Methoden der konfusiologischen Narrativik, der verwirrenden Erzählmethode, aufzudecken.

erklärt werden: Es handelt sich um »unbeabsichtigtes verwirrtes Erzählen«, im Gegensatz zur Konfusiologischen Narrativik, die durch Forschungsbeiträge absichtlich verwirren will.

12 In guter Absicht zitiert bei Fetscher, S. 10. Über die geradezu unglaublichen Fehldeutungen Fetschers, die nur durch seine redliche marxistische Brille entschuldbar sind, siehe Anmerkung 14 und später Seite 80f., 84 u. Anmerkung 77.

13 An dieser Stelle erscheint es geraten, auf das im Anhang 1 zusammengestellte kurze Glossar der wichtigsten narrativischen Termini hinzuweisen, dessen Gebrauch an verschiedenen Stellen dieses Traktates von Nutzen ist, so daß der Herausgeber ursprünglich ein ausklappbares Faltblatt erwogen hatte. Wie so oft, hatte der Verleger finanzielle Bedenken.

14 Fetscher hingegen, als moderner Narrativist, kommt zwar mit Riesenschritten voran, wenn er z.B. im Anschluß an Erfahrungen Wilhelm Reichs das Bauchaufschlitzen (beim Wolf im Rotkäppchen-Märchen) als libidinösen Akt (Defloration) deutet (so u.a. auf S. 32), aber es ergeben sich interpretative Phantasieprodukte, weil er sich nicht am realen Kern der Geschichte orientiert, also spekuliert, statt zu forschen.

15 Goethe, Letzte Gespräche mit Eckermann, Weimarer Ausgabe.

Uns darf nicht verwundern, wenn sich die Umstände eines beliebigen Märchens verworren darstellen. Die Verknüpfung aller Verwirrmöglichkeiten führt zu einem gordischen Knoten, den nur die Axt eines Traxler durchtrennt[16].

Auch der Zufall kann Lösungen bringen. Fehl am Platze sind jedoch der feinsinnige Psychologe, der einfühlsame Philologe, weshalb diese Richtungen vom Herrn Hessischen Kultusminister seit geraumer Zeit zu Recht nicht mehr gefördert werden.

Das Schema der narrativen Konfusion verläuft folgendermaßen, wobei die einzelnen Stufen, um einen Vergleich aus der Naturwissenschaft zu benutzen, als kompliziertes Filtersystem zu sehen sind:

Wenn Sie eigener Verwirrung entgehen wollen: bitte lesen Sie auf Seite 15 weiter!

Ursprüngliche reale Begebenheit

Von Zeugen geschilderter Tatbestand — Von Gegenzeugen verschleierter Tatbestand

Von Autoritäten (Kirche, Staat, sonstige märchenerzählende Institutionen) legitimierter Tatbestand

Von den Hörern / Lesern akzeptierte Fassung

Einfluß des »Zeitgeistes«

Ebene aller abweichenden Fassungen

Ebene der vereinigten Fassung

Märchen als konfusiologische Struktur in oralen Fassungen verschiedener Erzähler

Schriftlich dokumentierte Version einzelner Märchensammler (Beispiel: Gebrüder Grimm)

Ebene der konfusiologischen bzw. dekonfusiologischen Interpretationen

Hinweis: Wenn man das Schema rückwärts verfolgt, gelangt man mit Hilfe wissenschaftlicher Erforschung der Realien (Ort, Zeit, Umstände, Namen,

16 Manchmal bedarf es geradezu des naiven, gutherzigen, fast brutalen »Chirurgentyps«. Man vergleiche beispielsweise Hans Traxlers geradeliniges, vermöge grober archäologischer Methoden buchstäblich »aufdeckendes« Vorgehen mit Iring Fetschers fruchtlosen Spekulationen.

Funde, Dokumente etc.) zur ursprünglichen Begebenheit, die der eigentlichen Urfassung eines Märchens entspricht, der wahren Geschichte also.

So leicht es erscheint, den verschiedenen chronologischen Stufen dieses Schemas zu folgen, so schwer ist es, gewissermaßen anti-chronologisch vorzugehen. Dabei braucht man nicht unbedingt, wie der Sozialwissenschaftler Basil Bernstein[17] oder der Linguist Ulrich Ammon[18], die Barrierentheorie oder den restringierten Code anzuführen, obwohl der Verdacht manipulierender Böswilligkeit sich leider nur allzuoft erhärten läßt.

Karl Marx, neben Georg Büchner ein früher Vertreter der »Ausbeutungstheorie«, sagte einst überspitzt, Religion und Märchen seien Opium für das Volk. Es bestehen noch heute in der Tat konfusiologische Ablenkungstendenzen, besonders durch ideologisch gebundene Märchenforscher. Aber es dürfte schwerfallen, der Deutlichkeit halber sei das betont, den Gebrüdern Grimm, in ihrer Tätigkeit als Märchensammler und -forscher, bewußte Verfälschungen zu unterstellen. Die Verschleierung geschieht gewöhnlich, und da bildet das Rotkäppchen keine Ausnahme, sogleich nach dem Abschluß der wahren Begebenheit, in diesem Falle also noch vor Perraults Märchensammlung, wie an späterer Stelle, Seite 62, schlüssig bewiesen wird. Die narrativische Regel lautet: **Wie**

17 Basil Bernstein, Studien zur sprachlichen Sozialisation. Düsseldorf 1971. Seine vagen Hypothesen wirkten vor allem in Deutschland, u.a.: Elaborated and Restricted Codes: Their Social Origins and some Consequences (1964), mehrfach ins Deutsche übersetzt und nachgebetet. Er sagt: Märchen erzählen nichts Neues. Wie recht er manchmal hat!

18 Ulrich Ammon, Dialekt, soziale Ungleichheit und Schule. Weinheim 1972. – Volksmärchen und Volkssprache wollte er wegen ihrer angeblich verdummenden Wirkung verbieten lassen, obwohl sein Lehrer Bernstein dem widerraten hatte. Der vielversprechende Jünger mußte noch bei Lebzeiten die Verkehrung seiner Thesen ins Gegenteil registrieren, für einen ernsthaften Forscher eine schmerzliche Angelegenheit, für einen Konfusiologen Schicksal.

immer man erzählt, es kommt allemal etwas Falsches dabei heraus[19].

Die Motive zur Verwirrung sind, wie schon erwähnt, ganz unterschiedlich, sie liegen im Politischen, Wirtschaftlichen, Religiösen, Sozialen. Es gibt beabsichtigte und unbeabsichtigte Verwirrung. Aber alle Konfusiologen gehen in ähnlicher Weise vor, indem sie Namen verfälschen, Personen verwechseln, verschweigen oder hinzufügen, Ort und Zeit verändern, die narrative Folge vertauschen; oder aber Dokumente verschwinden lassen, Tatzeugen beseitigen, irreführende Hinweise einstreuen, Geschichten einflechten, wichtige Hinweise auslassen. Daneben fallen sie ganz gewöhnlichen narrativen Aphasien zum Opfer, wie Gedächtnisschwund, Schreib- und Druckfehlern, Falschberichten, Fehldeutungen etc.

Diese Liste ließe sich beliebig kombinieren und vermehren, aber der Herausgeber hält es für geraten, hier abzubrechen, um nicht vollends zu verwirren. Denn anti-chronologische narrativische Präzision, oder anders ausgedrückt: präzise anti-chronologische Narrativik liegt in der Absicht dieser Darstellung.

Sie haben sich nicht verwirren lassen: Nur noch 1½ Seiten bis zum Beginn einer unerhörten Begebenheit!

Solche Hinweise mögen genügen, um in die Problematik einzuführen. Am Beispiel einer einzigen und einzigartigen Geschichte, bekannt als das Märchen vom Rotkäppchen, soll der reale Kern herausgeschält und definitiv der tatsächliche Verlauf einer erzählten Begebenheit dokumentiert werden[20].

19 Dieser Kernsatz wurde formuliert vom Vorsitzenden der »Deutschen Gesellschaft für konfusiologische Narrativik«, dem emeritierten Professor Georg Ludwig Vasel. Er ist zugleich Präsident der Brüder-Grimm-Gesellschaft, gilt als großer Märchenerzähler, auch als Liebhaber seltener alter Bücher und Möbel. Veröffentlichungen auf dem Gebiet der internationalen Konfusion sind seit langem geplant.

20 Auf die Kritik an früheren Interpretationsversuchen wird weitgehend verzichtet, auch Iring Fetscher wird nur wenn unumgänglich angegriffen. Schließlich hat er in guter Absicht und aus Langeweile gehandelt. Auch sollen keine textphilologischen Spitzfindigkeiten oder gar Kontroversen stattfinden, denn, wie die Bergpredigt sagt, »der Streit der Gelehrten ist müßig«.

Nachfolgend gebe ich meinen Bericht, wie der scharfsinnige, wenn auch nicht scharfsichtige Professor Wainbrasch[21] die Urfassung des Rotkäppchen-Märchens erarbeitete[22]. Der Verstand allein tut's nicht, und oft hilft der Zufall. Buchstäblich weiterführend waren vor allem die verblüffenden Hilfs- und Spurendienste des Dackels Fidus, über dessen Körbchen ein Spruch des französischen Flugpiloten Antoine de Saint Exupéry sich befand: »Wer sehen will, schaut mit dem Herzen.« Deshalb auch ist dieser mein wissenschaftlicher Report in poetisch-fiktiver Form angelegt. Allerdings sind die Aufzeichnungen des Professors strikt benutzt worden.
Dabei dürfen, wie schon im Vorwort angedeutet, reale Personen und Gruppen, auch Orte und historische Umstände, soweit sie der Wahrheitsfindung dienen, nicht geschont werden. Bereits eine Veränderung der Namen – sie ist aus juristischen Gründen angebracht – gefährdet die Absicht der Entwirrung. Es gilt die narrativische Regel: **Eine Geschichte ist immer nur zu einer Zeit und an einem Ort wahr.**

21 Ein in Deutschland sehr seltener Name, vielleicht englischer Herkunft? Der Namenkundler Professor Goschkebrandhaus führt ihn zurück auf engl. *vine-brush* ›Rankenbusch‹. – Die biographischen Angaben über unseren Hobby-Heimatforscher finden sich im Anhang unter den Kurzbiographien.

22 Wainbraschs Material ist vom Herausgeber redigiert worden unter möglichst genauer Beachtung der von W. gelieferten Unterlagen – allerdings, um den poetischen Gehalt dieser Märchenentwirrung zu verdeutlichen, aus der Ich-Form in die dritte Person transponiert worden. Ein Beispiel: statt »Ich ging mit meinem Fidus« klingt es viel poetischer zu sagen: »Professor Wainbrasch und Fidus gingen...«
Für den nachfolgenden, interpretativen Teil zeichnet der (pseudonyme) Herausgeber wieder voll verantwortlich. Die Kurzbiographien jedoch sind ihm zum Teil zugespielt worden, dafür muß der Verleger geradestehen.

Professor Weinbraschs Forschungen und der Spürsinn des Dackels Fidus

Der erste Spaziergang

> Sinne und Leidenschaften reden und verstehen nichts als Bilder. Reden ist übersetzen – aus einer Engelsprache in eine Menschensprache, das heißt, Gedanken in Worte, Sachen in Namen, Bilder in Zeichen. –
> Poesie ist die Muttersprache des menschlichen Geschlechts.
> *Johann Georg Hamann*

Eine blaßgelbe Sonnenscheibe schwebte über den Nebeln der Wiesen. Professor Wainbrasch erreichte, die Schatten des Heckenweges hinter sich lassend, den Altarm am Fluß. Vor ihm ragte der Bagger wie ein Riesenkranich gegen den Dunst. Bisher war Fidus – ein zwölfjähriger, dunkelsaufarbenrauhhaariger Dackel vom Geschlechte derer vom Geldebachtal, seinem Herrn auf den Fersen gefolgt, zu naß war das Gras der Wegseiten, aber nun schnüffelte der treue Begleiter zum Bagger hinüber, schleppte seine erlahmenden Bandscheiben den am Vortage aufgeworfenen Faulschlammhügel hinauf und begann, endlich, sein Morgengeschäft.
Professor Wainbrasch beobachtete wie gewöhnlich den Fortgang der Notwendigkeiten, als sein Auge von einem Sonnenreflex getroffen wurde. Unterhalb des nässenden, jetzt dreibeinigen Fidus entstand ein Leuchten, das den Professor magisch anzog, bis er die Ursache – ein warmes, dampfendes Stück Glas – mit dem Finger betasten konnte. Es half nichts, er mußte den zähen Schlammklumpen lange am Uferrand waschen, wo er, vom wasserscheuen Fidus neugierig, vorsichtig, schiefköpfig gemustert, schließlich eine schillernde, blaugrünbraune Flasche in Händen hielt.
Der Professor war viel zu sehr Experte in Dingen der Heimatgeschichte, als daß er die Bedeutung des Fundes nicht erkannt hätte: Diese dickwandige, mit einem Henkel

versehene Weinflasche stammte aus dem 15. oder 16. Jahrhundert, sie war in einer der lokalen Glasbläsereien, vermutlich im Odenwald, hergestellt worden. Oberhalb der Fundstelle mochte man sie benutzt haben, sie wurde aus irgendeinem Grunde nicht – wie man das heute tut – aufgehoben, sondern weggeworfen, in Richtung des Flusses. Erfreulich, dieses Dokument einer vergangenen Epoche wiederzufinden, aber nicht ungewöhnlich, denn in alten Wasserlöchern sammelt sich der Unrat nicht nur unserer Zeit. Professor Wainbrasch und Fidus waren zufrieden mit dem Verlauf dieses Morgens.

Noch vor einiger Zeit würde er anders reagiert haben. Vom Anblick des Baggers in Rage gebracht, hätte der Naturschützer Wainbrasch protestiert, ein Gutachten erstellt, eine Aktion gegründet, Unterschriften gesammelt, Leserbriefe geschrieben: wieder sollte ein kostbares Stück Natur brutal

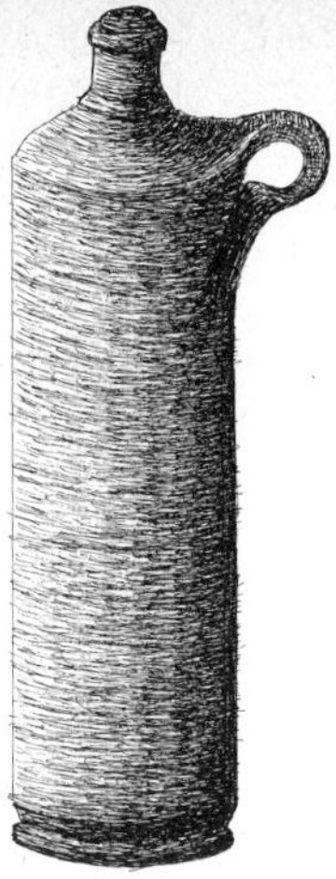

zerstört werden, ausgerechnet von Leuten, die sich als deren Anwälte aufspielten. – Ein Angelverein hatte den Altarm zunächst gepachtet, dann erworben vom feudalen Vorbesitzer. Nun besaßen die Jünger des Petrus, der offene Wasserflächen liebte, das Recht, die Bäume und Hecken rings um das stille, mit Seerosen bestandene Gewässer zu räumen. Denn nirgendwo konnte man schwungvoll, wie sich das gehört, die Angel auswerfen, und wenn man den kapitalen Hecht, der schon mehrfach beinahe gefangen worden wäre, endlich am Haken hatte, dann rettete er sich, sozusagen todsicher, ins Kraut. Darum also der aushebende und abböschende Bagger, und darum die selbstlosen Einsätze der Angelbrüder an den Wochenenden. Aus dem nutzlosen Stück Natur, das nur Fröschen und Kröten eine Heimstatt bot, sollte endlich eine Erholungsstätte für die Menschen werden, mit Grillhütte und Parkmöglichkeit, mit Bänken und Angelbuchten rings um das offene Wasser, das man mit Karpfen, Schleien, beim Wettangeln vorzeigbar, anzufüllen gedachte. So waren die Hecken buchstäblich ein Dorn im Auge, und natürlich hatten alle Naturschutzstellen, nach sorgfältiger Prüfung, die Pläne gebilligt.
Früher, wie gesagt, wäre dem Professor die Galle hochgekommen. Nicht so heute, nach seiner Pensionierung, und

vor allem seit seiner Freundschaft mit Karl Krohn, dem langjährigen Bürgermeister der Großgemeinde, dessen selbstlose Aktionen er nun endlich verstand. Ungern erinnerte er sich – während, Fidus voraus, seine Schritte die Richtung zum Dorf nahmen –, wie seine Klüngelbrüder, die Bürgerrechtler, versucht hatten, sorgsame und teure Vorschläge der Planungsbehörden immer wieder abzublocken. Nichts war erreicht worden, außer daß die Unternehmer immer höhere Kosten berechnen mußten. Welche Schachzüge, welche Winkelzüge, aber Karl Krohn hatte sich immer durchsetzen können. Schon über zehn Jahre dauerte das Gerangel um die längst notwendige Autobahn, aber nun war die Trassierung festgestellt: sie würde im Tal die beiden Städte verbinden, am Altarm vorbei ohne viel Umschweife den Berg durchschneiden. An Naturdenkmälern brauchten nur zwei mächtige Eichen, die man vor 800 Jahren an falscher Stelle gepflanzt hatte, geschlagen werden[23].
An der Karl-Krohn-Brücke hob Fidus, wie gewöhnlich, kurz das Bein. Auch da hatte der Professor gegen den Abbruch der alten Sandsteinbrücke protestiert, Einsprüche eingelegt, Alternativvorschläge unterbreitet. Zum Glück ohne Erfolg, denn heute stand an dieser Stelle die schwungvolle Betonbrücke. Keine Lindenallee – wie hatte er einst um die Erhaltung der prächtigen Bäume gekämpft – behinderte mehr den Blick auf die Straßenkreuzungen. Gerne hätte Karl Krohn damals, aus einer sentimentalen Anwandlung heraus, Rotdornhecke und Vogelkirschbäume längs der Straße bewahrt. Aber als er selbst, nach fröhlichem Fußballfest, mit seinem Auto eine beachtliche Lücke in das Grün rasiert hatte, schien es geraten, auch hier für eine ökologische Anpassung zu sorgen. Heute waren die Leute stolz auf den freien Blick über die ehemals so verstellte Landschaft. Bis hin zum großen Regattasee konnte man schauen, auf das bunte Gewimmel der Campmobile und Ferienhäuser –

23 Mit Unbehagen hat der Herausgeber schon seinerzeit diese Notizen seines Freundes Wainbrasch empfunden. Doch dem Hinweis, diese weitschweifenden Gedanken gehörten nicht in eine dekonfusiologische Abhandlung, begegnete der Professor mit eigensinniger Beharrung: Man werde schon sehen, wie sich alles zusammenfüge. Und in der Tat: kein Wort ist zuviel, ich bitte die verehrten Leser nur um ein wenig Geduld.

Hessische Baggerraupe beim Zudecken alter Geschichten

leider mußte man das Baden wegen der Bakteriengefahr verbieten.
Wie hatte er, Kurt Wainbrasch, nur gegen die Auskiesung des Talbodens protestieren können! Gutachten waren bestellt worden. Sie bekräftigten aber gerade Karl Krohns Ansicht: je tiefer man baggerte, desto eher würde sich Wasser ansammeln, statt nutzlos flußabwärts zu ziehen. Der Erholungswert würde den Ertrag der Ackerflächen bei weitem übersteigen, Geld käme in die verschuldete Gemeindekasse – und so geschah es denn auch.
Inzwischen war dem Professor – man trank hin und wieder ein Bier zusammen – aufgegangen, was das Gemeindeoberhaupt, als Mitglied einer fortschrittlichen Partei, bezwecken wollte: nichts Geringeres als die endgültige Strukturveränderung der Gesellschaft, deren Bürger in diesem Tal bislang unter geradezu mittelalterlichen, oder sagen wir besser altdeutschen Verhältnissen gelebt hatten. Um neue Verhältnisse zu schaffen, war es nötig, das Alte konsequent in seiner Wirklichkeit abzuschaffen, ja auszuradieren.
Schweratmend – denn das dämpfige Klima des Landes begann ihm zuzusetzen – stieg der Pensionär die Straße hinauf. Bei den neuen Bänken (von da hatte man einen guten Blick auf die Karl-Krohn-Brücke, das alte Dorf, den Regatta-See)

betupfte er die Stirn mit dem großen, buntgewürfelten Taschentuch und wartete auf den gleichfalls schnaufenden Fidus, rastete und hing seinen Gedanken nach.
Was sollte das Gerede über Neuerungssucht und Profitgier, über Ämterfilz und Bestechungen! Neues konnte nur auf den Scherben des Alten entstehen. – Apropos Scherben! Er erinnerte sich, wie seinerzeit, weil die Arbeiter noch mit Pickel und Schaufel arbeiteten, manche Scherbe gefunden wurde. Und schon kam irgendeine Geschichtsbehörde, stoppte den Straßenbau, hielt ihn für Monate auf. Heutzutage wagte man nicht, sich dem Lärm der mächtigen Baumaschinen auch nur zu nähern. Jetzt war Schluß damit, die Belästigungen durch ehrgeizige Vor-, Früh- und Altgeschichtler ließen nach. Was die gegenwärtige, die Zeitgeschichte betraf, so genügte es, den Abbruch alter Strukturen schriftlich zu dokumentieren.
Karl Krohn hatte ihn eingeweiht: Manche Straßenplanungen, manche Bauvorhaben sind nur so lange unverständlich, bis man ihren wahren Zweck erkennt, die Beseitigung der Mythen, Legenden, der alten Geschichten[24].
So war er der Anregung gefolgt, die verlorengehende Geschichtlichkeit durch schriftliche Aufzeichnungen zu ersetzen. Das war weniger zeitraubend, als Geschirr, Geräte,

24 Wie Schuppen fällt es einem von den Augen:
Könnte man sich den – ansonsten unmotiviert scheinenden – Autobahnbau, um nur eines dieser modernen Rätsel zu nennen, anders erklären? Bereits Hans Traxler war auf das Phänomen gestoßen, ohne den Hintersinn zu erkennen: Das Elternhaus von Hänsel und Gretel war, ebenso wie das historische Wirtshaus im Spessart, der Autobahn Frankfurt–Würzburg zum Opfer gefallen. (Siehe dazu Traxler S. 27.) Daß die Beseitigung der Spuren alter Geschichten kein Zufall, sondern geradezu symptomatisch sei für die Neuordnungen nach dem Zweiten Weltkrieg behauptet auch, vielleicht in Abhängigkeit von Kurt Wainbrasch, die recht bösartige Dissertation eines gewissen Georg Stuthe, Psychologie der Landschaftszerstörung in Hessen, Darmstadt 1979. Darin wird auf Seite 78 geradezu hysterisch festgestellt, die heutige Umgestaltung der Landschaft sei ein Dritter Weltkrieg des Verwaltungsfaschismus (sic!) gegen die Bürger – und nicht eher sei Ruhe, bis die Bürger in einem Volksaufstand die personell überbesetzten Bauämter und Planungsbehörden stürmten, um deren Schubladen auszuleeren. – Was ist das für eine Zeit, in der solche Emotionen als wissenschaftliche Werke anerkannt werden?

Hausrat älterer Zeiten zu sammeln, in kostspieligen Museen auszustellen, zu verwalten. Nein, die bloße Dokumentation, durch Papiere und Fotos, in einem Gemeindearchiv, genügte, und Professor Wainbrasch hatte, als nebenberuflicher Heimatforscher, schon manchen Beitrag abgeliefert[25].
Mit einem Lächeln erinnerte er sich seiner ersten Amtshilfe. Es wäre ein kostspieliges Unternehmen geworden, die alte, noch gut erhaltene Sandsteinbrücke im hessischen Freilichtmuseum, wie es geplant war, wieder aufzubauen, statt ihre Quader zur Mülldeponie zu transportieren. Bereits bei der Einweihung der neuen Brücke hatte sich Karl Krohn dieser nostalgischen Anwandlung geschämt und seinen Freund gebeten, statt dessen für das Gemeindearchiv eine Geschichte der Vorgängerin zu schreiben, auch Fotografien vom Abbruch beizugeben. Damit war die Angelegenheit bereinigt.
Im Sinne Krohnscher Gedanken fügte man seinerzeit dem Gemeindeblatt, das die Bürger wöchentlich durch die Veröffentlichung von Neuplanungen, Neuerschließungen, Truppenübungen, Verordnungen, Beschlüssen, Gebührensätzen schockte, eine bescheidene Heimatbeilage hinzu, in der die Vergangenheit der Ortsteile – so nannte man jetzt die früher selbständigen Dörfer der Großgemeinde – abgehandelt wurde. Als Motto wählte man Karl Krohns paradox erscheinenden Heimatbegriff: Heimat kann erst dann entstehen, wenn sie zerstört worden ist[26]. Erst nach der Flurbereinigung wußten die Bauern, was sie gehabt hatten... Trachtenvereine wurden gegründet, sie bildeten das Fundament der Neuordnung... Wann dürfte man wohl den Hessentag in Talheim feiern?...

25 Das Gemeindearchiv wird heute von einem Oberarchivar geleitet, es beschäftigt 2 Archivare, 2 Praktikanten und wird von 5 Raumpflegerinnen entstaubt. Da die Bestände wachsen, ist ein Erweiterungsbau dringend notwendig. Ein Antrag auf Landeszuschuß wurde gestellt.

26 Ähnliche Gedanken äußert Siegfried Lenz in seinem recht zähflüssigen Roman »Heimatmuseum«. Gegen die Zerstörung der Heimat im Sinne der Neustrukturierung ist ja nichts einzuwenden, aber muß man deshalb ein Heimatmuseum gleich verbrennen ? – Der Radikalismus neuerer Schriftwerke ist ungeheuerlich. Man sollte die »Verwertungsgesellschaft WORT« auf diesen Umstand aufmerksam machen!

Der Professor tastete nach dem historischen Glas, das in seiner zerbeulten Rocktasche steckte. Es wurde Zeit, den so ergiebigen Frühspaziergang zu vollenden. Fidus, wo stöberst du herum, weiter geht's!
Bereits nach wenigen hundert Metern schien nochmals eine Rast geboten. Man hatte den – für die Kinder leider verschlossenen – Fußballplatz hinter sich gebracht und war am Friedhof angelangt. Von hier entfaltete sich ein herrliches Panorama, mit Blick über Tal und Schloß, wer möchte da nicht ruhen? Die neue Friedhofshalle bot Schutz gegen Wind und Regen, auch die Verschönerung des Friedhofs war, wie man so treffend sagt, »in Angriff genommen« worden. Schon im Mai hatte ein Bagger die alte Fichtenhecke mit Stumpf, Stiel und Vogelnestern ausgerodet, damit ein Jägerzaun gezogen werden konnte. Die alte, einst so stattliche Hecke war nichts mehr wert, seit die neuen Gemeindearbeiter, in neuen Uniformen und einem neuen, gemeindeeigenen Auto, mit neuen Motorsägen sie so effektiv zurückzuschneiden wußten, daß sie nie wieder ausschlagen würde. Ein Jägerzaun brauchte sicher nicht solch umständliche und kostspielige Pflege. Die Friedhofsordnung – das konnte auch ihn, den Pensionär, betreffen – war geändert worden: alle Steine mußten einheitlich aussehen, goldene Schrift auf schwarzem Marmor. Schließlich sollten auch die Friedhöfe der Großgemeinde die neue Ordnung widerspiegeln...
Fidus, wo bist du, alte Schnüffelschnauze? – Aber Fidus war schon zum Körbchen vorausgelaufen.

Die Truhe

Zu Hause reinigte der Professor zunächst das Innere der Flasche, spülte Faulschlamm, Muschelschalen, Steinchen und Pflanzenreste heraus. Gerade hatte er sie zum Trocknen hingelegt, als er Fidus im Wohnzimmer bellen hörte. Der Hund scharrte aufgeregt an der Truhe, und Professor Wainbrasch dachte erst, Fidus habe eine Maus erschnüffelt. Kaum aber war die Truhe geöffnet, wollte der Dackel sofort hineinspringen. Seine Schnauze wies nach links oben, wo das Seitenfach sich befand. Wainbrasch klappte es auf, er wußte, daß es leer war. Fidus aber bestand auf weiterer Nachforschung, und tatsächlich, in dem ausgetrockneten Spalt des Holzes steckte ein vergilbter Zettel, den man von jeher, seit die Truhe im Familienbesitz war, übersehen hatte. Ihn entfaltend, las er in der gerundeten Handschrift früher Jahrhunderte:

Der Wittib Catharina Baekker Haußhaltung-Buch.
Anno 1544. p. 16

Fuer eynen ſcheffil leſkorn	5 phenninge
Dem jaeger Adolph, fuer eynen hos	1 heller
Fuer eyn krug birnmoſt	2 zuza
Vom Wolff von Stauffenbergk eyn fiertell weins	umbſunſt
Vom Wolff von Stauffenbergk eyn ganß uff Martine Epiſcope,	umbſunſt
Dem doctor Dueſing aus Marpurgk ufs ſchneyden	zehen albus
Dem doctor Dueſing, artzneyen fuer den kleynen Doell	5 heller
Dem praeceptor Hintz ufs begraepnus der armen Kaethe undt des kleynen Doell	8 heller

Vom Wolff von Stauffenbergk
2 Moeth korn, 1 Moeth haffer,
eyn hahnen zum neuen Jahr umbsunst
9 gulden undt
eyn phunt phenninge

Auf der Rückseite des vergilbten Papieres[27] fand sich, in gleicher Handschrift, folgender Vermerk:

Wir Wolff Helmhardt von Stauffenbergk, Lehensmann des Heinrich von Gottes Gnaden Landgrave zu Heßen, bekennen vor Uns, Unser Erben unde Nachkommen myt diesem Brieve unde thun kunth allermaenniglichen, daß Wir all jehrlich, neuen Jahr lange, eyn fuder weines, eyn Malter undt vier Mestenn Haffern, zwho Gense, zwehn Hahnen undt zwey Hoyner nebst fuenf Maas butter, fuenffzig hantkaese undt Eyn Hundert Eyer gegen Martini tag der wittib Catharina Baekker guetlich unndt ohngemahnet entrichten.
Deßgleichen bis zu Avsgang und verfliesung obgedachter neuen Jahre selbiger des Peter Baekker hinterlaßener Wittiwen zu Nutz und Halttung unsser kleyns Gueth uff denen Rodthegen gelegen uffgelaßen zu wyderruflicher Gebunge, auch des sel. Peter Baekker Wittiwe undt unserm jaeger Adolph ufgetragen, Huß unde gueth zu meren undt zu beßern.
Gegeben uf Dinstag nach dem newen Jahr Anno Domini MCXLV (H.P.)[28].

27 Es ist nicht anzunehmen, daß eine einfache Frau jener Zeit lesen, geschweige denn schreiben konnte. Wahrscheinlich hat der Ortsgeistliche auf ihr Geheiß – denn die Einnahmen sind außergewöhnlich – das Kontobuch jener Jahre gegen eine kleine Gefälligkeit geführt.
Auffällig ist die Münzbezeichnung *zuza*, die nicht in das damalige hessische bzw. reichsdeutsche Münzsystem gehört, sondern eine jüdische Münze ist. Zu jener Zeit, und bis zum Jahre 1938, wohnten im Dorf Rodehausen kleine Handelsjuden. Einem von ihnen, der wohl mit Arzneien handelte, hatte die Witwe einen Krug Birnenmost – bekannt als starkes Abführmittel – abgekauft.
Präzeptor bedeutet einen geringen Landgeistlichen. Der etwas rührselige Eintrag läßt den Herausgeber vermuten, daß Hintz selber der Schreiber war.

28 Professor Wainbrasch hielt den Zettel für eine authentische Urkun-

Viele Gedanken kreuzten sich im Kopf des Professors, während Fidus abwartend, hochschielend, schweifwedelnd neben ihm stand. Was hatte die Staufenberger Herrschaft, wiewohl für ihre Sozialkontakte bekannt, in der Kate einer armen Landfrau, wahrscheinlich einer Leibeigenen, zu suchen? Warum waren keine Ausgaben, sondern großzügige Geschenke und Einnahmen verzeichnet, dazu eine neunjährige Hofpacht? Bestand ein Zusammenhang dieser ungewöhnlichen Zuwendungen mit den Ausgaben für Arzt und Pfarrer (das wäre ja kein Novum)? Und warum hatte Fidus erst die Flasche gefunden, dann den Zettel erschnüffelt? Bestand da ein Zusammenhang, eine Absicht des spurtreuen Fidus?

Zum zweiten Mal an diesem Tag traf den Professor eine Erleuchtung, blitzschnell begriff er, daß er den Schlüssel zu einer Geschichte in Händen hielt, einer alten Geschichte, die sich, einem Gerücht zufolge, auf eben diesem Berg ereignet haben sollte. Nun mußten die historischen Hintergründe abgeklärt werden, keine Heimatforschung ohne Fakten!

Am folgenden Tag, nach einer sehr unruhigen Nacht, begab sich Professor Wainbrasch zur Universitätsbibliothek der nahen Stadt. Er verlangte aus der Estorschen Sammlung[29] die »Kleinen Schriften«[30], worin die Verhältnisse des Geschlechtes derer von Staufenberg beschrieben sind.

de. Er ist aber nichts weiter als ein – wahrscheinlich vom Ortsgeistlichen (H.P = Hintz, praeceptor?) vorgeschriebener – Entwurf für eine Urkunde, von der wir nicht wissen, ob sie je rechtskräftig wurde. – In der Tat hat es ein kleines Hofgut der Stauffenberger auf der Rodefläche des Heienberges (zu langobardisch-althochdeutsch *ga-hagio* ›durch Hecken eingefaßtes Gelände‹) gegeben.

29 Gemeint ist der Vizekanzler der Universität Marburg, Johann Georg Estor (1699–1773), ein etwas stümperhafter, aber redlicher Professor des deutschen Rechts, ein früher Germanist also. Am liebsten stöberte er in Urkunden und Rechtsverordnungen seiner hessischen Heimat. Aus vielen alten Büchern – seine Privatbibliothek war größer als die der gesamten Universität – schrieb er viele neue Bücher zusammen, die insgesamt jetzt veraltet, aber für die Heimatforschung von immensem Wert sind.

30 Joh. Georg Estors auserlesene kleine Schriften (in vier Stücken). Von Wainbrasch benutzt wurde die zu Gießen bei Johann Philip Krieger 1744 erschienene zweite Ausgabe, deren Seitenzahlen sich mit W.s Notizen decken, doch merkwürdigerweise ist von einem anderen Grafengeschlecht, nicht den Staufenbergern, die Rede. Ob

J.C.G. Fritzsch fec.

IOHANN GEORG ESTOR

Pro-Cancellarius Universit.

Marburg.

D. Johann Georg Estors auserlesene kleine Schriften.

Erster Band. Zweyte Ausgabe.

Gießen,
bey Johann Philipp Krieger,
1744.

Da er bei den Angestellten der Bibliothek gut bekannt war, erhielt er sogleich den vergilbten, braunledernen Band in den Lesesaal. Er wußte genau, wo er suchen mußte, kannte das Buch aus früheren Nachforschungen zur Leibeigenschaft der umliegenden Dörfer[31]. Rasch, aber sorgsam notierte er:

Seite 2: Zumindest vor dem Jahre 1279 wurde den Grafen von Staufenberg durch Urkunde des Landgrafen Heinrich I. (»das Kind« genannt) ein Lehen vermacht.

Seite 4: Der Sage nach sollen sie aus Ungarn gekommen sein (wahrscheinlich mit der späteren Landgräfin Elisabeth, zu der sie wohl in gewissen Verhältnissen standen). Ferner, daß sie »in den Todtschlag Meister Conradts, der Heiligen Elisabethen Beicht-Vatters, verwickelt gewesen seyn sollen«[32].

Seite 5/6: Sie waren Burgmannen, galten als stark und roh.

auch mein Freund Wainbrasch zuweilen konfusiologischen Neigungen nachhing?

31 Drei Ortsteile der Großgemeinde standen jahrhundertelang unter Leibeigenschaft, was sich allenfalls im Verhalten der Einwohner bei Behördenentscheidungen noch ahnen läßt. Ansonsten ist der Geist der Leibeigenschaft – die forschen Reaktionen im Straßenverkehr zeigen das – längst von ihnen gewichen.

32 Hier ist ein unüberhörbarer Hinweis darauf zu finden, daß die später heiliggesprochene Elisabeth so heilig nicht gewesen ist. Man erinnere sich der bekannten Geschichte vom Rosenwunder: Die Landgräfin verläßt die Burg Frauenberg Richtung Marburg, im Korb sind Wein und Gebäck, angeblich für die Armen. (Man beachte die Parallele im Rotkäppchen-Märchen: Rotkäppchen bringt Kuchen und Wein, angeblich zur kranken Großmutter. In Wirklichkeit handelt es sich in beiden Fällen wohl um Picknickkörbe.) Der geizige und eifersüchtige Landgraf tritt im Eselsgrund – ein soeben durch Straßenbau zerstörter Flurname – aus dem Gebüsch und fragt nach dem Inhalt. »Rosen«, antwortet die »Heilige«, und siehe da, beim Aufdecken des Korbes sind es Rosen. – Eine rührende Legende, so denkt man, doch die Sache hat ein geschichtliches Nachspiel: Es ist anzunehmen, daß der Landgraf getäuscht wurde. Zu Recht vermutete er den »Beichtvater« Konrad von Marburg in der Nähe, der als Zuchtmeister die Heilige öfter zu geißeln hatte, benachrichtigte seine Lehnsleute, die Staufenberger Grafen, und nahm Rache am Nebenbuhler. Konrad von Marburg wurde unweit der Stelle mit der Axt erschlagen. Das Denkmal steht auf Hahnerheide und wird – zusammen mit der unangenehmen Erinnerung – hoffentlich bald der geplanten Eulenkopf-Trasse zum Opfer fallen.

Seite 6/7: Ihr Stammvater soll ein Mann namens Walther gewesen sein, mit der Landgräfin aus Preßburg gekommen[33].

Seite 8–10: Sie standen beim Landgrafen Heinrich »in großen Gnaden«, mächtige Herren bewarben sich um ihre Freundschaft. Kaiser Maximilian I. habe »sein kostbares Kaiserliches Schwerd und andere Kleinodien denen Grafen von Stauffenberg verpfändet...«

Seite 12/13: Später entsprossen viele Seitenlinien. (Die Staufenberger scheinen sich gut vermehrt zu haben, doch die Stammlinie ist heute erloschen.)

Seite 16: Anno 1346/1358 taucht zum ersten Male der Name Wolff unter den Staufenberger Grafen auf.

Seite 17: Anno 1400 gibt es die Brüder Henne und Wolff, der zweite erscheint 1401 und 1419 erneut in Urkunden, hat 1421 einen Sohn Philipp, wird 1466 zum letztenmal erwähnt.

Professor Wainbrasch überlegte: die Flasche stammte aus dem späten 15. oder der ersten Hälfte des 16. Jahrhunderts. Das Kontobuch datierte vom Jahre 1544. Also lag der hier erwähnte zweite Wolff für den fraglichen Zeitpunkt schon jenseits des libidinösen und zugleich zeugungsfähigen Alters. Er suchte weiter im Estor und fand:

Seite 19: Ein dritter »Wolff von Stauffenbergk« wird 1502 als Sohn des Conrad aufgeführt. Ihm stirbt ein Sohn mit dem Namen *Düll* (»Wolffs seliger Sohn«) im Jahre 1544.

33 Diese Bemerkung Estors hatte vor Jahren eine hochinteressante Spekulation über die Biographie des Minnedichters Walther von der Vogelweide ausgelöst. Der Verbleib des im Donauraum dokumentierten Sängers lag bislang im Dunkeln. Eine Nachfahrin der Gebrüder Grimm hat auf Anregung des schon in Anmerkung 19 erwähnten Professors Georg Ludwig Vasel eine Dissertation mit dem Titel »Walthers letzte Jahre« verfaßt. – Die Arbeit wurde von einer hessischen Universität abgelehnt wegen »mangelnder Betreuung durch den Doktorvater« (eine sehr fadenscheinige Begründung, seit wann können sich Doktorväter um ihre Doktoranden kümmern?), aber auch wegen »mangelnder Orts- und Detailkenntnis«. Man bescheinigte der blutjungen Verfasserin allerdings »blühende und fruchtende Phantasie«. Diese Bettina Grimm ist dann in der Matrikel der betreffenden Universität nicht mehr aufgetaucht, sie soll Hessen verlassen haben. – Man vergleiche später den überraschenden Hinweis auf ein Walthergedicht, Seite 89, Anmerkung 87.

Anno 1544. Düll / Wolffs seel. Sohn / Philipp / Georg seel. Sohn / Philipp / Ebert seel. Sohn.

Hier lehnte Professor Wainbrasch sich befriedigt zurück. Er erinnerte sich der Eintragung im Kontobuch der Catharina Baekker: »Dem doctor Duesing, artzneyen fuer den kleynen Doell, 5 heller«. Der Arzt hatte sich zwar nicht umsonst bemüht, aber das Kind war gestorben.
Das Jahr 1544 mußte überhaupt ein Unglücksjahr der Staufenberger gewesen sein: drei männliche Nachkommen (die Frauen wurden nie aufgeführt) starben, darunter Döll, der Sohn des Wolf.
Die im Kontobuch der verwitweten Katharina genannten Personen mußten in einer außergewöhnlichen Beziehung zueinander gestanden haben. Den Wolf von Staufenberg, Vater des Döll, hatte es – 42 Jahre alt und offensichtlich zeugungsfähig – damals im Jahre 1544 wirklich gegeben. Schon früher wurde er urkundlich erwähnt, wie von Professor Wainbrasch notiert.
Seite 21: Im Jahre 1520, zusammen mit seinem Bruder Georg, ein Wolff von Stauffenbergk, 18 Jahre alt, wahrscheinlich in Beurkundung seiner Volljährigkeit, denn er gilt als der »Haupterbe«.

Professor Wainbrasch dankte dem Bibliothekar, bat ihn, das Buch noch nicht ins Magazin zurückzustellen, verließ eilig den Lesesaal[34] und strebte, einige Block weiter, zum weltbekannten »Informationszentrum zur Pflege aussterbender bäuerlicher Mundart und Beratungsdienst zur Durchführung von Podiumsdiskussionen über die Finanzierung geplanter Dialektsammlungen«. Der Universitätspräsident hatte das Institut kürzlich – aus Groll – wegen übergroßer Effektivität, zu starker Dialektwellen-Ausstrahlung, schließen wollen, aber vergeblich: nicht umsonst waren Parkinsons Gesetz, das Peter-Prinzip und die Regel des Heiligen Florian[35]

34 Professor Wainbrasch hörte, als echter Heimatforscher, da auf, wo es ihm am besten paßte. Wahrscheinlich hat er recht, doch sollte man nicht verschweigen, daß aus Lehensbriefen jener Zeit weitere »Wölffe« ersichtlich sind (Estor, Seiten 22–28).

35 Parkinsons Gesetz von der Aufblähung der Apparate ist bekannt,

längst vom Parlament im Grundgesetz verankert worden. Also blieb alles wie eh und je bestehen, und hier hoffte Wainbrasch seinen langjährigen Freund, den bekannten, weil ungewöhnlich benamten Onomastiker Goschkebrandhaus, bei der Arbeit zu finden. Ihn plagte die Bedeutung des gleichermaßen ungewöhnlichen Personennamens Düll oder Döll.

Der Freund erklärte nach langem Nachschlagen, daß der Name nirgends verzeichnet sei und so zum Spekulieren durchaus Raum gebe. Scherzhaft meinte er, vielleicht sei der Sprößling »in der *Delle* (*Doelle, Duelle*, ganz im Sinne der hiesigen Dialekte und ihrer intervokalischen Reihenschritte) gezeugt«, also in einer Geländevertiefung, wie man illegitimen Kindern ja nachsagte, sie seien »zwischen den Kartoffeln« zur Welt gekommen. – Professor Wainbrasch griff, mit eiligem Gruß, seinen Hut, wollte spornstracks nach Hause, besann sich aber und lenkte die Schritte nochmals zum Lesesaal. Dort verlangte er abermals Estors Kleine Schriften, fand darin nicht das Vermutete, aber aus einer anderen Publikation des vielschreibenden Estor, den Marburgischen Beyträgen zur Gelehrsamkeit[36], notierte er:

Stück 2, XIV, 379: »Herr doctor und prof. Justin Gerhard Duising wird von der zeugung überhaubt, und besonders

weniger jedoch das Peter-Prinzip (The Peter Principle), wonach jeder in den Institutionen Aufsteigende schließlich die Schallgrenze seiner Fähigkeiten durchbricht und, endlich überfordert, zum Dilettanten wird. – Im St. Florians-Prinzip erkannten planfeststellende Behörden bislang die Böswilligkeit der Bürgeraktionen: Heiliger Sankt Florian, verschon' mein Haus, zünd's andere an! – Nun ist aber auch hier eine gewisse Verwirrung eingetreten: Eine neugegründete mittelhessische Regionalplanungsbehörde hat (so die Meldung der Oberhessischen Presse vom 26. Juni 1981) sogleich eine St. Florians-Medaille geschaffen für »Verdienste beim Brandschutz«, zu verleihen an besonders feurige Blauröcke. Da die Zunahme der Brände bekanntermaßen proportional der Verstärkung der Feuerwehr verläuft und Feuerwehrstützpunkte hierzulande fast wie Pilze aus dem Boden schießen, stimmt dies bedenklich. Oder sollen insgeheim Verdienste beim Abbrennen geschichtsträchtiger Gebäude belohnt werden?

36 Als erste Marburger Universitätszeitung vom herausgebenden Estor 1749/50 zumeist zur Eigenwerbung benutzt und nach dem fünften Stück wegen mangelnder Nachfrage eingestellt.

des menschen lehren, annebst ein collegium physicoexperimentale eröfnen.«[37]

Hochbefriedigt verließ Professor Wainbrasch die Bibliothek. Auf dem Nachhauseweg formten sich die Mosaiksteine zu einem Bild.

Der zweite Spaziergang

Als Professor Wainbrasch, von der Busstation kommend, die Anhöhe erreicht hatte, wartete Fidus schon schweifwedelnd am Eingang. Aufgeregt lief der Hund in die Küche, offensichtlich die Flasche suchend, dann in das Wohnzimmer, wo er an der Truhe schnüffelte, darauf aufs neue zur Haustür. Er wollte seinen Herrn anregen, mit ihm ins Freie zu gehen. Hastig schlang der Professor einige Bissen hinunter, spülte mit Kaffee nach, bis er endlich die Leine holte, deren Klirren Fidus zu Freudentänzen veranlaßte.
Wie üblich ging der Spaziergang zum nahegelegenen Judenfriedhof. Dort hatten, auf der Kuppe des Heienberges, die Juden des Dorfes ihre Ruhestätte, abseits von den am Hang plazierten Christen, damit sie im Tode wenigstens ihre Ruhe fänden. Die Grabsteine standen, unter dichtem Fichtenbewuchs, in artigen Reihen, die hebräischen Inschriften gen Sonnenaufgang, die deutschen gen Westen, das alles umgeben von einem Jägerzaun.
Es hatte nicht immer so ordentlich ausgesehen. Die Grabsteine waren im Jahre 1938 umgestürzt. Während des Zwei-

37 Sexualkunde des Menschen also, mit nachfolgenden praktischen Übungen, das hat es seitdem an dieser Universität unseres Wissens nicht mehr gegeben. Wie mich der Traumatologe, dem ich die Muße zum Schreiben verdanke, unterrichtete, konnte sich die Medizinische Fakultät erst sehr spät etablieren. Vielleicht daher der modernistische Eifer! – Wie dem auch sei: Mein Freund Wainbrasch muß in der (verständlichen) Aufregung vorschnell den Dr. Duising des 18. Jahrhunderts mit dem früheren, gleichen Namens, verwechselt haben. Wahrscheinlich handelt es sich bei dem im Kontobuch aufgeführten um einen Vorfahr, wie ja auch heute die Neigung zum Arztberuf, trotz numerus clausus, in den Arztfamilien weiterbesteht.

ten Weltkrieges wurden sie gar von Dornen überwuchert. Nach dem Kriege hatte die Besatzungsmacht die Einwohner gebeten, das Terrain zu säubern, die Steine wieder aufzustellen. Damals waren die Fichten angepflanzt, der Jägerzaun gezogen worden. Die Juden hatten es nicht gedankt, niemals wurden am Friedhof Besucher gesehen. Wo die Überlebenden geblieben waren, wußte niemand im Dorf anzugeben.
Vor Jahrhunderten, so wurde erzählt, sollte hier eine Kate gestanden haben. Fidus versuchte dort schon immer – wie Professor Wainbrasch vermutete: nach Kaninchen – zu graben. Auch heute strebte der Dackel ungestüm durch den Zaun und begann sogleich, Erde aufzuwerfen. Der Professor ließ ihn lächelnd gewähren, gut war das bißchen Bewegung für die alten Fidus-Bandscheiben. Hoch flog der Dreck aus dem Loch, bald ragte nur der Dackelschwanz heraus. Und dann hob sich ein metallener Klumpen ganz oben aus dem feinen Mergelboden. Professor Wainbrasch säuberte mit einem Fichtenast, dann mit seinem Taschenmesser, der Brocken zerbrach in zweie, und nun hielt er staunend in Händen: Geburtszange und Skalpell aus früherer Zeit. Wiederum mußte er der Hundenase Respekt zollen. War das alles Zufall, oder hatte Fidus die Gabe, noch nach Jahrhunderten Zugehöriges zu erschnüffeln und zusammenzuriechen?[38]
Wenn die gefundenen Arztinstrumente ein Mosaik in der erahnten Geschichte waren, so mußte dies der Ort sein, an dem die Witwe Katharina Becker mit ihrer Tochter Käthe gewohnt hatte, wo aber zugleich der Doktor Duesing im Jahre 1544 eine Operation (die Geburtszange wies, so schloß er scharfsinnig, auf eine Zangengeburt) vollzogen und die

38 Die phänomenale Nasenleistung des Fidus vom Geldebachtal läßt sich nur, wie mir der bekannte Teckelzüchter Julius Brocke mitteilt, durch konsequente Inzestzucht erreichen. Nicht umsonst fordert der Club Deutscher Teckelzüchter CDT, die Prüfungen der 6-Stunden-, 24-Stunden- und der (bereits sehr schwierigen) 48-Stunden-Fährte auszudehnen auf Wochen und Monate. Zweifellos ist Fidus in seiner Fähigkeit, jahrhundertealte Geschichten aufzuspüren, seinen Artgenossen um Nasenlängen voraus, aber es gibt eine ganze Anzahl von Jägern, die von jeher bezeugten, daß ihre Teckel in der Lage waren, noch nach Monaten und Jahren verlorengegangenes Wild, auch Messer und Tabakspfeifen wiederzufinden.

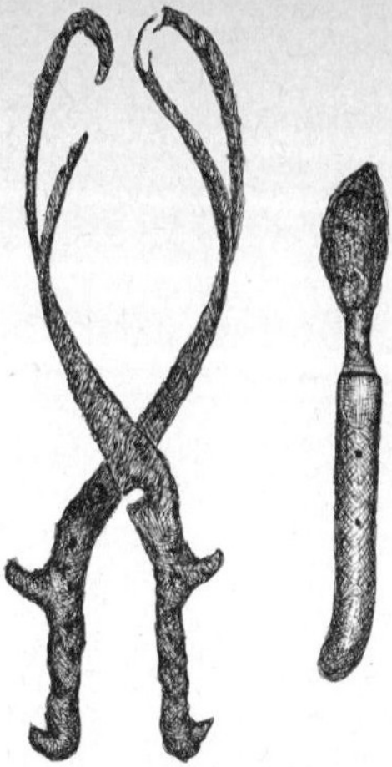

unbrauchbar gewordenen Instrumente in die Abfallgrube geworfen hatte.

Die Geräte, die er in Händen hielt, bestätigten die Angaben des Kontobuchs. Wie aber paßte die Flasche in das Puzzle-Spiel? Sie stammte von einem eher freudigen Ereignis (einem Picknick?), war vom Bergeshang in den Altarm gerollt. Blitzartig verband er das Bild der Vertiefung (zwischen den beiden mächtigen Eichen am Fuße des Berges) mit dem Hinweis des Freundes Goschkebrandhaus – aus dem Scherz entsprang Wahrheit –, der kleine Döll sei vielleicht – tatsächlich und illegitim – in der Delle gezeugt worden.

Die Vertiefung unter den Eichbäumen aber war eine geradezu ideale Stelle für ein intimes Picknick (zwischen dem Grafen und Käthe?)[39]. – Nachdenklich nahm der Forscher die Hundeleine aus der Tasche des Mantels und stopfte stattdessen die verschmutzten, rostigen Instrumente hinein.

Als Fidus das Klirren der Leine vernahm, war er sofort bereit. Beide, Professor und Hund, strebten dem Wald entgegen. Vor dem Waldrand zog Fidus nach links und näßte am Eckpfosten der kürzlich errichteten Grillhütte[40].

39 Ein Beweis, wie wichtig es in der Heimatforschung ist, auf das kleinste Detail zu achten und auch mit der Phantasie nicht allzu sparsam umzugehen.

40 Leider mußte der Männergesangverein des Ortsteils, auf Geheiß der Naturschutzbehörde, das schmucke Gebäude wieder abbrechen.

Hier war man, so erinnerte sich Wainbrasch, beim Ausheben der Fundamente auf die Mauerreste eines kleinen Jägerhauses gestoßen. Sollte hier der Jäger Adolf gewohnt haben?[41]

Der Professor zog sein großes, gewürfeltes Taschentuch heraus und wischte sich den Schweiß von der Stirn – welch ein anstrengender, ja abenteuerlicher Spaziergang –, zügelte den unruhigen Fidus, setzte sich auf einen frischgefällten Fichtenstamm, sog den harzigen Duft ein. Eine unerwartete Ruhe in dieser sonst so lärmerfüllten Ländlichkeit! Gewiß, die Ruhe vor dem Autobahnbau, zwischen den Tiefflügen, aber immerhin: ruhig! Ruhig nickten die Salomonssiegel in der Julisonne, Sternmiere und Hundsveilchen wuchsen in den Eichenblättern des vergangenen Jahres, nur leise bewegte sich grünes Blattwerk, raschelte eine Maus im Fallaub. Von Ferne ruckte eine Wildtaube und nahm die Gelegenheit wahr, zwischen dem Lärm der Düsenjäger und Hubschrauber, der jederzeit wiederkehren konnte, noch ein Wörtlein mitzureden in dieser Welt[42].

Fidus schüttelte sich. Beißend stieg von den Feldern der Klärschlammgeruch in die Forschernasen. Jetzt bemerkte der Rastende auch, warum von der Bundesstraße her kein Laut herüberdrang: ein Stau hatte sich gebildet, wohl schon lange, gerade kam das Kliniksauto in schneller Fahrt. – Genug gerastet. Fidus war ohnehin unruhig, und auch der Professor fand sich voller Erwartung. Also ging es, kurz vor dem nächsten Tiefflug, unter das schützende Blätterdach, den Waldweg entlang. Fidus, hechelnd, zog geradenwegs zu den großen Randeichen.

Hier zerrte der Dackel an der Leine und begann, eifrig unter den dichtbelaubten Bäumen zu graben. Aber dann hörte Fidus – ein wenig enttäuscht, so schien es – auf, schnüffelte weiter im Halbkreis in Richtung des Flusses und zog schließlich seinen Herrn den Heckenweg entlang zum Alt-

Für Fidus erneut eine Einbuße in der an Bäumen und Pfosten immer ärmer werdenden Landschaft!

41 Diese Frage ist nie geklärt worden, wie überhaupt der Jäger – außer bei der Witwe Katharina Baekker – in unserer Geschichte eine nur untergeordnete Rolle spielt.

42 Dieser poetische Teil ist auf ausdrücklichen Wunsch des Professors im Bericht belassen worden.

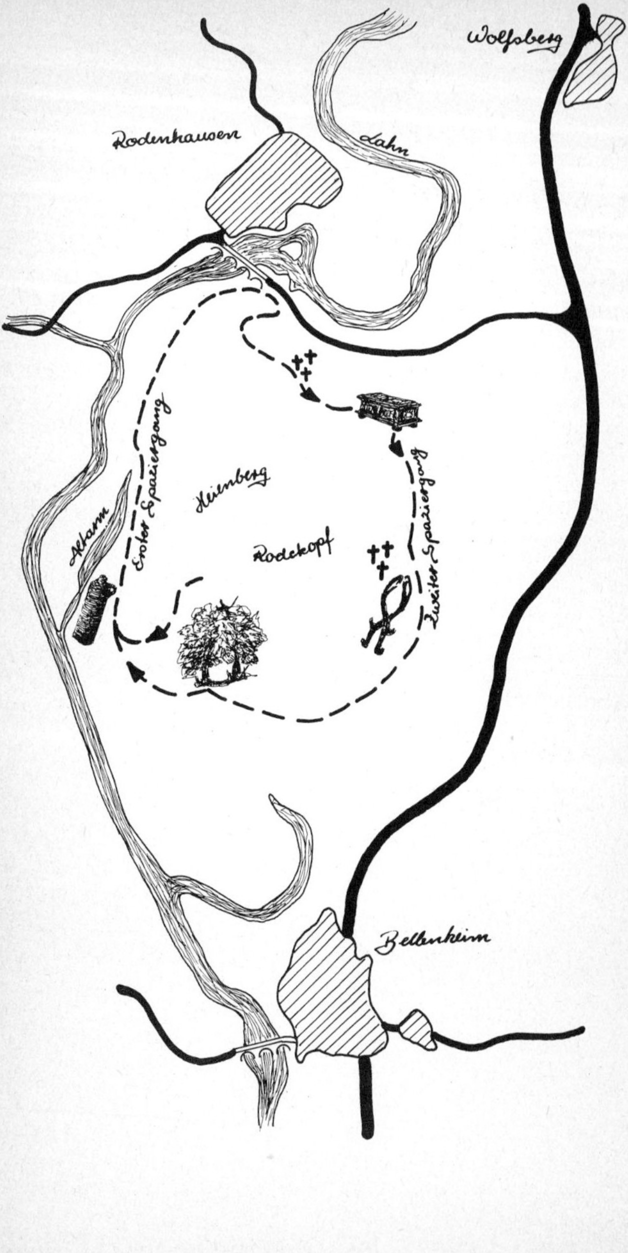
Wolfsberg
Rodenhausen
Lahn
Erster Spaziergang
Hünenberg
Rodekopf
Altarm
Zweiter Spaziergang
Bellenheim

arm, um an eben derselben Stelle das Bein zu heben, wo gestern die Flasche geglänzt hatte[43]. Der Kreis war geschlossen, die Geschichte enträtselt. Nicht umsonst ging die neue Autobahntrasse über Altarm und Eichen hinweg. Wiederum sollte zu Recht ein Stück hessischer Geschichte beseitigt werden. Ihm, Professor Wainbrasch, oblag es nun, die Reste dem Archiv zu überstellen.

Gemächlich schlenderten Fidus und sein Herr nach Hause, wo der Professor unverzüglich Papier, Filzstift und ein Briefkuvert griffbereit auf dem Schreibtisch anordnete. Während der Stift übers Papier glitt, schnarchte der Dackel im Körbchen, jiffte manchmal im Schlaf...

Käthchen vom Rodekopf. Eine wahre Geschichte

Vor vielen hundert Jahren war der Heienberg eine Rodung. Die Huteflächen und Äcker wurden durch die Leibeigenen der Staufenberger Grafen in mühevoller Arbeit bestellt. Dort, nahe dem Dorf Rodenhausen, lag auf dem »Rodekopf« der Einödhof, den eine Witwe mit ihrer einzigen Tochter bewirtschaften mußte. Der Vater, Peter Becker mit Namen, war früh verstorben, und so konnte das junge Ding zuweilen ein sorgloses Leben führen, sammelte Heilkräuter, pflückte Blumen und freute sich am Gesang der Vögel.

43 Bei aller skeptischen Zurückhaltung kann man nicht umhin, Herrn und Hund zur detektivischen Meisterleistung zu beglückwünschen.

Ganz in der Nähe wohnte ein Jäger, Adolf war sein Name, der im Auftrag des Grafen das Wild behütete, vor den Wilderern bewahrte. Er mußte für die Küche des Grafen gar manches Wildpret liefern, konnte zuweilen auch der Witwe ein schmackhaftes Stück überlassen.

Beim Jägerhaus traf Käthe eines Tages einen schönen, hochgewachsenen Mann. Es war Wolf Helmhardt von Staufenberg, der Graf und Herr. Dem Wolf gefiel das frische Mädchen gar wohl, und auch Käthchen – ihr machten die Bauernburschen vergeblich den Hof – fand Gefallen am rüstigen Grafen.
Wie oft die beiden einander sahen, wußte nur der Jäger zu sagen. Er brachte der Witwe Wildpret und Geflügel, eines Tages standen sogar zwei dickbauchige Flaschen Wein vor der Katentür.
An einem lauen Aprilabend – die Vöglein sangen, Salomonssiegel nickten, zufrieden gluckerte das Bächlein[44] – sah er das Mädchen am Jägerhaus vorübergehen und in den Nußhecken entschwinden. Käthe trug einen Korb, darin waren selbstgebackener Kuchen und eine Flasche Wein.
Unter den Eichen wartete Wolf von Staufenberg ungeduldig auf das Erscheinen der Liebsten...

Im Herbst des Jahres fühlte Käthchen ein hitziges Fieber, verspürte auch ein Schwellen des Leibes und Unlust der Glieder. Lange schon hatte sie den Grafen nicht mehr gesehen. Kurz vor dem Weihnachtsfest traten heftige Schmerzen ein. Die besorgte Witwe rief einen Arzt, der nach kurzer Untersuchung, mit Hilfe von Zange und Skalpell, ein wunderschönes Knäblein ans Licht zog. Doch verblutete die junge Mutter ganz und gar. Auch der Knabe, verletzt durch die grausame Geburt, gab nach einigen Tagen das Leben auf. Beide mußten unter großem Wehklagen der Leute am Silvestertag des Jahres 1544 beerdigt werden.

44 Das Wort *gluckern* kann aus dem neuhochdeutschen Sprachschatz gestrichen werden, denn das Geräusch ist den Lebenden nicht mehr bekannt. Auch der Geldebach, auf den sich die poetische Stelle bezieht, ist versiegt. Trotzdem braucht man nicht, wie üblich, in die leidigen Klagen, sinkende Grundwasserspiegel betreffend, auszubrechen. Niemals in der Geschichte haben die Wasserwerke mehr Wasser gefördert. Man braucht nur zu bohren, schon ist es da!

Der Graf, Herr über Land und Leute, war beim Begräbnis aus Schmerz nicht zugegen, doch schenkte er der Witwe – und auch dem Jäger – eine ansehnliche Summe Geldes, nebst anderen Einkünften, so daß beide bis ans Ende ihrer Tage in Zufriedenheit leben konnten.

Sorgsam setzte Professor Wainbrasch, der sich hiermit von den Geschehnissen verabschiedet[45], den letzten Punkt, ließ Fidus, der genießerisch träumerisch dackelgerollt am Ofen lag (und sich für immer empfiehlt)[46], den Text beschnüffeln, faltete das Papier in den großen weißen Umschlag, auf den er schrieb: An den Oberarchivar der Großgemeinde Talheim, Gemeindearchiv im Gemeindeamt, 5653 Talheim, Ortsteil Niedertalheim. – Jetzt konnten die Bagger und Planierraupen anrücken, diese Geschichte durfte zugeschüttet werden. Karl Krohn würde zufrieden sein.

45 Mein Freund, Professor Wainbrasch, lebt hochbetagt im gemeindeeigenen Altersheim. Leider plagt ihn die Arthritis, das Erbleiden aller Heimatforscher. Es hat wenig Sinn, ihn zu besuchen, er brabbelt nur noch unverständliches Zeug. Auch war er nicht mehr in der Lage, die Komposition des Herausgebers zu überlesen.

46 Fidus vom Geldebachtal ist, wie man so schön sagt, in die ewigen Jagdgründe gewechselt. Die Teckellähme, Berufskrankheit dieser liebenswerten Rasse, hat seinem Leben ein Ende gesetzt. Bis zum letzten Schniefer bewies seine Nase erstaunliche Fertigkeiten. Am Judenfriedhof liegt er begraben, sein Grabspruch lautet: *Er war seiner Zeit hinterher und den Zeitgenossen voraus.*

Wissenschaftliche Analyse zum Rodekopf-Käthchen

> Ammenmärchen, im Ammenton erzählt, mögen sich durch mündliche Überlieferung fortpflanzen, aber gedruckt müssen sie nicht werden.
>
> *Christoph Martin Wieland*

Die am Ende unserer Einleitung hervorgehobene narrativische Regel lautet: **Eine Geschichte ist nur zu einer Zeit und an einem Ort wahr.** Das bedeutet, sie verliert an Wahrheitsgehalt, wenn sie sich aus der ursprünglichen Zeit und vom ursprünglichen Ort entfernt. Deswegen ist es auch abwegig, durch Stoffvergleiche, Motivvergleiche und anderen Schnickschnack, mit dem sich unterbeschäftigte Philologen die Mußestunden vertreiben, das nur zufällig Verbindende solcher Geschichten und damit eine sogenannte »innere Wahrheit« aufzeigen zu wollen. Die Überlieferungen der Völker sind voller Beispiele: Die »Abweichungen«, die später entstehenden, so beliebten Varianten sind vom *bösen Zeitgeist* intendiert, sie besitzen zumeist manipulativen Charakter.

In unserem Fall liegt eine Sozialgeschichte vor, deren Kern lautet: Ein junges Mädchen, eine Leibeigene, trifft einen mächtigen Mann, liebt ihn, kommt durch ihn in Schuld und muß mit dem Leben bezahlen. – Die Dramentheorie des Aristoteles ist auch auf die epische Handlung anwendbar: Es kommt zu einer unerhörten Begebenheit, die nach dramatischem Verlauf unausweichlich zur Katastrophe führt. Der Zuhörer oder Leser wird, nach Schock »kathartisch« gereinigt, entlassen. Das erzählte Beiwerk: die Lokalität, die Besitzverhältnisse, die beigeordneten Personen und Umstände sind wichtig, denn sie unterstützen, ja belegen den Wahrheitsgehalt der Geschichte. Wenn diese Wahrheiten durch Mittel der konfusiologischen Narrativik verschleiert werden, wird die Geschichte ihrem wahren Kern entfremdet und schließlich zu einer »fremden« Geschichte; der Zusammenhang mit der Ausgangsfassung ist dann nur noch schwer

zu erkennen. So entstehen Märchen, verdeckende Varianten ehemals wahrer Begebenheiten.
Um von diesem Vorgang abzulenken, haben die Konfusiologen den bequemen Begriff der Sage eingeführt. Man betrachtet das Märchen als »Phantasiegeschichte«, der Wahrheitsfindung nicht wert, und die Sage (nach der Definition des Volkssagenforschers Friedrich Ranke) als »Erzählung von einem sonderbaren Erlebnis, das geglaubt und für wahr gehalten wird«.

Die Märchenfassungen der Gebrüder Grimm

Daß eine Geschichte tatsächlich auf Wahrheit beruhen könnte, kam auch den Brüdern Grimm – die ebenfalls säuberlich zwischen Märchen und Sagen trennten – nicht in den Sinn. Schauen wir uns doch, des Vergleichs halber, deren Rotkäppchen-Fassung einmal genauer an:

ROTHKÄPPCHEN

Es war einmal eine kleine süße Dirn, die hatte jedermann lieb, der sie nur ansah, am allerliebsten aber ihre Großmutter, die wußte gar nicht, was sie alles dem Kind geben sollte. Einmal schenkte sie ihm ein Käppchen von rothem Sammet, und weil ihm das so wohl stand, und es nichts anders mehr tragen wollte, hieß es nur das Rothkäppchen; da sagte einmal seine Mutter zu ihm: »komm, Rothkäppchen, da hast du ein Stück Kuchen und ein Bouteille mit Wein, die bring der Großmutter hinaus, sie ist krank und schwach, da wird sie sich daran laben; sey hübsch artig und grüß sie von mir, geh auch ordentlich und lauf nicht vom Weg ab, sonst fällst du, und zerbrichst das Glas, dann hat die kranke Großmutter nichts.«
Rothkäppchen versprach der Mutter recht gehorsam zu seyn. Die Großmutter aber wohnte draußen im Wald, eine halbe Stunde vom Dorf. Wie nun Rothkäppchen in den Wald kam, begegnete ihm der Wolf, Rothkäppchen aber wußte nicht, was das für ein böses Thier war, und fürchtete sich nicht vor ihm. »Guten Tag, Rothkäppchen.« – »Schön Dank Wolf.« – »Wo willst du so früh hinaus, Rothkäppchen«, – »zur Großmutter.« – »Was trägst du unter der Schürze?« – »die Großmutter ist krank und schwach, da bring ich ihr Kuchen und Wein, gestern haben wir gebacken, da soll sie sich stärken.« –

»Rothkäppchen, wo wohnt deine Großmutter?« – »Noch eine gute Viertelstunde im Wald, unter den drei großen Eichbäumen, da steht ihr Haus, unten sind die Nußhecken, das wirst du ja wissen«, sagte Rothkäppchen. Der Wolf gedacht bei sich, das ist ein guter fetter Bissen für mich, wie fängst dus an, daß du den kriegst: »hör Rothkäppchen, sagte er, hast du die schönen Blumen nicht gesehen, die im Walde stehen, warum guckst du nicht einmal um dich, ich glaube, du hörst gar nicht darauf, wie die Vöglein lieblich singen, du gehst ja für dich hin als wenn du im Dorf in die Schule gingst, und ist so lustig haußen in dem Wald.«

Rothkäppchen schlug die Augen auf, und sah wie die Sonne durch die Bäume gebrochen war und alles voll schöner Blumen stand; da gedacht es: ei! wenn ich der Großmutter einen Strauß mitbringe, der wird ihr auch lieb seyn, es ist noch früh, ich komm doch zu rechter Zeit an, und sprang in den Wald und suchte Blumen. Und wenn es eine gebrochen hatte, meint es, dort stünd noch eine schönere und lief darnach und immer weiter in den Wald hinein. Der Wolf aber ging geradeswegs nach dem Haus der Großmutter und klopfte an die Thüre. »Wer ist draußen« – »das Rothkäppchen, ich bring dir Kuchen und Wein, mach mir auf.« – »Drück nur auf die Klinke, rief die Großmutter, ich bin zu schwach und kann nicht aufstehen.« Der Wolf drückte an der Klinke, und die Thüre sprang auf. Da ging er hinein, geradezu an das Bett der Großmutter und verschluckte sie. Dann nahm er ihre Kleider, that sie an, setzte sich ihre Haube auf, legte sich in ihr Bett und zog die Vorhänge vor.

Rothkäppchen aber war herum gelaufen nach Blumen, und erst als es so viel hatte, daß es keine mehr tragen konnte, machte es sich auf den Weg zu der Großmutter. Wie es ankam, stand die Thüre auf, darüber verwunderte es sich, und wie es in die Stube kam, sahs so seltsam darin aus, daß es dacht: ei! du mein Gott wie ängstlich wird mirs heut zu Muth, und bin sonst so gern bei der Großmutter. Drauf ging es zum Bett und zog die Vorhänge zurück, da lag die Großmutter und hatte die Haube tief ins Gesicht gesetzt und sah so wunderlich aus. »Ei Großmutter, was hast du für große Ohren!« – »daß ich dich besser hören kann.« – »Ei Großmutter, was hast du für große Augen!« – »daß ich dich besser sehen kann.« – »Ei Großmutter, was hast du für große Hände!« – »daß ich dich besser packen kann.« – »Aber Großmutter, was hast du für ein entsetzlich großes Maul!« – »daß ich dich besser fressen kann.« Damit sprang der Wolf aus dem Bett, sprang auf das arme Rothkäppchen, und verschlang es.

Wie der Wolf den fetten Bissen erlangt hatte, legte er sich wieder ins Bett, schlief ein und fing an, überlaut zu schnarchen. Der Jäger ging eben vorbei und gedacht wie kann die alte Frau so schnarchen, du mußt einmal nachsehen. Da trat er hinein und wie er vors Bett kam, da lag der Wolf den er lange gesucht; der hat gewiß die Großmutter gefressen, vielleicht ist sie noch zu retten, ich will nicht schießen, dachte der Jäger. Da nahm er die Scheere und schnitt ihm den Bauch auf, und wie er ein paar Schnitte gethan, da sah er das rothe Käppchen leuchten, und wie er noch ein wenig geschnitten, da sprang das Mädchen heraus und rief: »ach wie war ich erschrocken, was wars so dunkel in dem Wolf seinem Leib«; und dann kam die Großmutter auch lebendig heraus. Rothkäppchen aber holte große schwere Steine, damit füllten sie dem Wolf den Leib, und wie er aufwachte, wollte er fortspringen, aber die Steine waren so schwer, daß er sich todt fiel.
Da waren alle drei vergnügt, der Jäger nahm den Pelz vom Wolf, die Großmutter aß den Kuchen und trank den Wein, den Rothkäppchen gebracht hatte, und Rothkäppchen gedacht bei sich: du willst dein Lebtag nicht wieder allein vom Weg ab in den Wald laufen, wenn dirs die Mutter verboten hat.

Der intelligente Leser wird die Manipulationen leicht durchschauen. Es ist nicht so wichtig, daß aus dem Käthchen vom Rodekopf, dem Rodekopf-Käthchen, wie man es wohl nannte, ein Rotkäppchen, ein Mädchen mit roter Kappe[47],

47 Unkritisch behauptet der Stern-Autor Peter Grubbe in: »Grausamkeit macht Kindern Mut« (Stern Nr. 51/1977), die rote Kappe

wird. Dadurch soll die Geschichte vom Ursprungsort entfernt werden.
Peinlicher ist die Auferstehung von Rotkäppchen und Großmutter, das »gute« Ende. Es handelt sich um ein philanthropisches Ablenkungsmanöver im Sinne der nachfolgenden Zeit[48]. Geradezu geschickt ist die Umsetzung des Übeltäters Wolf von Staufenberg in einen Tier-Wolf oder ein Wolfstier[49]. Immerhin, das Märchen der Gebrüder Grimm ist, wenn man die Urfassung nicht kennt, lesenswert.
Nun gibt es leider aber noch einen Zusatz zum Rotkäppchenmärchen der Gebrüder Grimm, der in den meisten Abdrucken schamhaft verschwiegen wird. Gerade an diesem Beispiel wird deutlich, wie letzten Endes eine Verfälschung in konzentrierte Geschmacklosigkeit umschlagen kann. Der Zusatz lautet:

Es wird auch erzählt, daß einmal, als Rothkäppchen der alten Großmutter wieder Gebackenes brachte, ein anderer Wolf ihm zugesprochen und es vom Weg ableiten wollen, Rothkäppchen aber hütete sich und ging gerad fort ihres Wegs, und sagte der Großmutter

signalisiere den Eintritt des jungen Mädchens in die Pubertät. Graf Wolf von Staufenberg würde sich über diese These sehr verwundert haben. Eigentlich sind Konfusiologen wie der Psychoanalytiker Erich Fromm (Märchen, Mythen, Träume. Zürich 1957) und der Kinderpsychologe Bruno Bettelheim (Kinder brauchen Märchen. Stuttgart 1977) für die Fehlinterpretation verantwortlich, darüber mehr auf den Seiten 57f., 83f.

48 Die Einführung der Rettungsszene ins Rotkäppchen-Märchen ist das Produkt des aufgeklärten 18. Jahrhunderts, eine Ausgeburt menschenfreundlicher Schullehrer und Pfarrer, wie der selige Johannes Bernhard Basedow (1723–1790) einer war. Der Begründer des Philanthropinums und Bahnbrecher des Philanthropismus war ein beliebter Märchenerzähler.

49 Uralt sind die Berichte von Wolfsmenschen und Werwölfen. Der Wolf wird mit dem Bösen schlechthin indentifiziert und muß noch heute darunter leiden. Man kann das, wie der Wolfsforscher Erik Zimen (Der Wolf. München 1978) glaubhaft macht, auch ein uraltes Mißverständnis nennen. Doch da der Raubtiercharakter bereits mythologisch vorgezeichnet ist (die Rache des Wolfes Fenir wird den Göttervater Odin, auch Erde und Himmel, zerstören, so die germanische Mythologie), lohnt es sich, auf der Hut zu sein: Der Wolf im Menschen kann unversehens erwachen. Jederzeit kann ein Mensch, wie in der Rotkäppchen-Manipulation, in einen Wolf verwandelt werden, zumal, wenn er schon dessen Namen trägt.

daß sie den Wolf gesehen, daß er ihm guten Tag gewünscht aber so bös aus den Augen geguckt; »wenns nicht auf offener Straße gewesen, er hätte mich gefressen.« – »Komm sagte die Großmutter, wir wollen die Thüre verschließen, daß er nicht herein kann«. Bald darnach klopfte der Wolf an und rief: »mach auf, Großmutter, ich bin das Rothkäppchen, ich bringe dir Gebackenes.« Sie schwiegen aber still und machten die Thüre nicht auf, da ging der Böse etlichemal um das Haus und sprang endlich aufs Dach, und wollte warten bis Rothkäppchen Abends nach Haus ging, dann wollt' er ihm nachschleichen und wollts in der Dunkelheit fressen. Aber die Großmutter merkte, was er im Sinn hatte; da stand vor dem Haus ein großer Steintrog: »hol' den Eimer, Rothkäppchen, gestern hab ich Würste gekocht, da trag das Wasser, worin sie gekocht sind, in den Trog.« Rothkäppchen trug so lange bis der große, große Trog ganz voll war. Da stieg der Geruch von den Würsten dem Wolf in die Nase, er schnupperte und guckte hinab, endlich machte er den Hals so lang, daß er sich nicht mehr halten konnte, er fing an zu rutschen, und rutschte vom Dach herab und gerade in den großen Trog hinein und ertrank. Rothkäppchen aber ging fröhlich und sicher nach Haus.

»Ein anderer Wolf...« macht einen zweiten Verführungsversuch, aber das schlaugewordene Rotkäppchen folgt ihm nicht. Großmutter und Enkelin verschließen die Tür. Als der Wolf auf dem Dach sitzt, öffnet das Rotkäppchen doch die Tür[50], dann schüttet es auf Anraten der Großmutter Wurstsuppe in den Trog[51], in dem der Wolf ertrinkt. – Es ist nachgerade peinlich, dieses philanthropisch-aufgeklärte Machwerk zum Nutzen braver Kinder dem Leser auch nur der Anschauung halber hier darzubieten.
Wenden wir uns lieber dem Vergleich der offiziellen Grimmschen Märchenfassung mit den vorausliegenden Versionen zu. Wenn man's nicht besser wüßte, müßte man den Märchensammlern geradezu bösartige Verfälschung vorwerfen, aber sie sind einfach nur – wie ihre Gewährsfrauen –

50 Wie leicht hätte nun der Wolf hineinschlüpfen können, aber er war vom Zusatz-Konfusiologen aufs Dach geschickt worden, wo er brav verbleibt, während Rotkäppchen mehrere Male zum Trog geht.
51 Die hessische Bevölkerung würde niemals – auch in Zeiten des Überflusses nicht – Wurstsuppe opfern, um Wölfe zu fangen.

Opfer der früher anzusetzenden konfusiologischen Narrativik. Was die Märchenbrüder wegen ihrer Volksmärchentheorie verschwiegen und ihre Informanten, die »alte Marie« und Dortchen Wild, Wilhelm Grimms »Gspusi«, nicht wußten: sie zeichneten auf bzw. erzählten, neben oralen Märchenvarianten, auch solche einer früheren schriftlichen Tradition, nämlich die nunmehr an deutschen Höfen beliebten Geschichten von Charles Perrault aus dem 17./18. Jahrhundert. Diese französischen Märchen wurden sogar in Hessen gelesen, zumindest von den wenigen, die dazu in der Lage waren. Man hätte die Perraultschen Geschichten längst vergessen – und tatsächlich waren sie nur Leuten wie den Gebrüdern Grimm oder dem romantischen Märchenbastler Ludwig Tieck bekannt –, wären sie nicht in mündlicher Tradition bis ins 19. Jahrhundert weitererzählt worden, von des Lesens unkundigen Leuten, welche dafür aber ein um so besseres Gedächtnis besaßen. Nur so konnten sie von den seit Herder im Sinne der romantischen Theorie eifrig sammelnden »Volkskundlern« aufgeschnappt und der schriftlichen Tradition wieder einverleibt werden. Ein Schema dieses komplizierten Vorgangs wird Seite 56 gegeben. Literaturgeschichte und orale Tradierung stehen in Wechselwirkung.

Das Rotkäppchen-Märchen des Charles Perrault

Im Jahre 1697 erschien, in einem holländischen Magazin, unter anderen populären Geschichten das Prosamärchen »Le Petit Chaperon Rouge« (deutsch »Rotkäppchen«, englisch »Red Riding Hood«), anonym, aber verfaßt von dem französischen Akademiemitglied Charles Perrault (1628–1703). Der gelehrte Herr muß sich anfangs der Verfasserschaft einfacher Geschichten geschämt haben, denn er wechselte für seine »contes naifs« den Verlag, gab dann den Sohn als Verfasser an, der habe sie den Dienstboten abgelauscht[52]. Erst das 18. Jahrhundert, als diese Geschichten an europäi-

52 Vgl. Ré Soupault (Übers.), Französische Märchen, Frankfurt/M 1970 u. ff. (Fischer Taschenbuch 1153), Nachwort S. 121.

schen Höfen immer beliebter wurden, hat sie einfach unter seinem Namen begriffen.
Begonnen hatte Charles Perrault mit Geschichten für Höflinge in Versen. Später wechselte er zur Prosaform, die beim einfachen Volk mehr Anklang fand. Der Titel der Sammlung lautete: »Contes de Ma Mère L'Oye«, im Englischen als »Mother Goose Tales« berühmt (im Deutschen konnte man mit der Gänsemutter wenig anfangen).
An den französischen Höfen bekam man die langen Barockromane und die verwickelten, galanten Verserzählungen satt, war auch der antiken Rhetorik und der fernliegenden, immer wieder aufgewärmten Geschichten überdrüssig und sehnte sich nach einfacher Kost. So kam Perrault zum Erfolg, aber woher stammten *seine* Geschichten? Er selber verwies auf seine Kinder, diese wiederum hätten sie von den Dienstboten[53]. Woher die Dienstboten kamen? Aus den untersten Volksschichten, wie üblich, vielleicht sogar aus Gastarbeiterkreisen.
In einem Brief vom 6. August 1676 berichtet eine Dame der Pariser Gesellschaft, Madame de Sévigné, ihrer Tochter, wie man sich am Hof von Versailles die Zeit mit dem Erzählen von Märchen vertreibe[54]. Besonders erinnere sie sich an eine merkwürdige und grausame Geschichte, in der ein Wolf ein junges Mädchen verschlinge (verschlänge, verschlünge, man bediene sich aus dem Vorrat der deutschen Konjunktivität). Diese sei vorgetragen worden von Monsieur Perrault – dem selbst man nicht trauen dürfe: er sei ein Schürzenjäger[55] und Freund des Volkes[56]. Das Märchen sei – das habe er ihr anvertraut – seinen Kindern von einer gewissen Catherine Boulanger erzählt worden, einer groben Person, die aus der Landgrafschaft Hessen-Cassel stamme. Diese

53 Das Dienstpersonal, mit dem die Kinder Umgang hatten, war meist weiblichen Geschlechts. Perrault hatte, seiner Veranlagung gemäß, durchaus direkten Zugang zu diesen Geschichten, aber allen Grund, das zu verschweigen.
54 Wiedergegeben bei Andrew Lang, Perrault's Popular Tales. Oxford 1888, Einführung, Seite 17.
55 Hier benutzt Madame de Sévigné verschämt den italienischen Ausdruck *paraculo*.
56 Die Tuilerien, die königlichen Gärten, habe er, entgegen dem Ratschlag des Ministers Colbert, den Bürgern und Kindern anstatt dem Hofe geöffnet.

LE PETIT CHAPERON ROUGE

Il était une fois une petite fille de village, la plus jolie qu'on eût su voir: sa mère en était folle, et sa mère-grand plus folle encore. Cette bonne femme lui fit faire un petit chaperon rouge, qui lui seyait si bien, que partout on l'appelait le petit Chaperon Rouge.

Un jour sa mère, ayant cuit et fait des galettes, lui dit: »Va voir comment se porte ta mère-grand, car on m'a dit qu'elle était malade. Porte-lui une galette et ce petit pot de beurre.«

Le petit Chaperon Rouge partit aussitôt pour aller chez sa mère-grand, qui demeurait dans un autre village. En passant dans le bois, elle rencontra compère le Loup, qui eut bien envie de la manger; mais il n'osa, à cause de quelques bûcherons qui étaient dans la Fôrèt. Il lui demanda où elle allait. La pauvre enfant, qui ne savait pas qu'il était dangereux de s'arrêter à écouter un Loup, lui dit: »Je vais voir ma mère-grand, et lui porter une galette, avec un pot de beurre que ma mère lui envoie. – Demeure-t-elle bien loin? lui dit le Loup. – Oh! oui, lui dit le petit Chaperon Rouge; c'est par delà le moulin que vous voyez tout là-bas, là-bas, à la première maison du village. – Eh bien! dit le Loup, je veux l'aller voir aussi: je m'y en vais par ce chemin-ci, et toi par ce chemin-là; et nous verrons à qui plus tôt y sera.«

Le Loup se mit à courir, de toute sa force, par le chemin qui

behaupte, die Geschichte habe sich an ihrem Heimatort zugetragen[57].
Wir geben die französische Fassung Perraults zusammen mit der deutschen Übersetzung von Bettina Grimm wieder:

DAS KLEINE ROTKÄPPCHEN

Es war einmal ein kleines Landmädchen, so schön, schöner hätte man es sich nicht vorstellen können; seine Mutter war ob dieser Schönheit verzückt, aber seine Großmutter war noch viel vernarrter. Diese gute Frau ließ ihm ein kleines, rotes Käppchen anfertigen, das ihm so gut zu Gesichte stand, daß man es überall das kleine Rotkäppchen nannte.
Eines Tages, als seine Mutter gekocht und kleine, runde Butterkuchen gebacken hatte, sagte sie zu ihm: »Geh' zu deiner Großmutter und schau', wie es ihr geht, denn man sagte mir, sie sei krank gewesen. Nimm' ihr ein Küchlein mit und diesen kleinen Tiegel mit Butter.« Rotkäppchen machte sich sogleich auf den Weg zu seiner Großmutter, die in einem anderen Dorf wohnte.
Als es durch den Wald ging, traf es Gevatter Wolf, der große Lust hatte, es zu fressen. Aber er traute sich nicht wegen einiger Holzfäller, die im Wald waren. Er fragte es, wo es denn hingehe. Das arme Kind – es wußte nicht, daß es gefährlich ist stehenzubleiben und einem Wolf zuzuhören – sagte zu ihm: »Ich gehe meine Großmutter besuchen und bringe ihr ein Küchlein und einen Tiegel Butter, die meine Mutter ihr schickt.«
»Wohnt sie sehr weit?« fragte der Wolf.
»Oh, ja!« antwortete ihm Rotkäppchen, »jenseits der Mühle, die Sie ganz dahinten sehen, dort, dort, beim ersten Haus des Dorfes.«
»Also gut!« sagte der Wolf, »ich will sie auch besuchen. Ich werde auf diesem Weg hier dorthin gehen und du auf dem da und wir werden sehen, wer von uns beiden als erster dort sein wird.«
Der Wolf rannte, so schnell er nur konnte, den Weg, der der kürzere

57 Was liegt näher als, über hundert Jahre nach der Witwe Catharina Baekker, an eine Nachfahrin gleichen Namens aus dem gleichen Dorf – von wo schon immer freigelassene Leibeigene nach Westen auswanderten oder sich im Ausland verdingen mußten – zu denken? Leider aber fehlt, wie bei Gastarbeiter-Dienstboten üblich, jede historische Dokumentation und damit der genaue Nachweis.

était le plus court, et la petite fille s'en alla par le chemin qui était le plus long, s'amusant à cueillir des noisettes, à courir après des papillons, et à faire des bouquets des petites fleurs qu'elle rencontrait.
Le Loup ne fut pas longtemps à arriver à la maison de la mère-grand; il heurte: Toc, toc. »Qui est là? – C'est votre fille, le petit Chaperon Rouge, dit le Loup en contrefaisant sa voix, qui vous apporte une galette et un petit pot de beurre, que ma mère vous envoie.«
La bonne mère-grand, qui était dans son lit, à cause qu'elle se trouvait un peu mal, lui cria: »Tire la chevillette, la bobinette cherra.«
Le Loup tira la chevillette, et la porte s'ouvrit. Il se jeta sur la bonne femme et la dévora en moins de rien, car il y avait plus de trois jours qu'il n'avait mangé. Ensuite il ferma la porte,

war, entlang. Und das kleine Mädchen ging fort auf dem viel längeren Weg. Es machte ihm Freude, Nüsse zu pflücken, hinter den Schmetterlingen herzulaufen und aus den kleinen Blumen, die es fand, Sträuße zu binden.
Der Wolf brauchte nicht lange, um an das Haus der Großmutter zu gelangen; er klopfte: Poch! Poch! »Wer ist da?« »Eure Enkeltochter, das Rotkäppchen ist es«, sagte der Wolf mit verstellter Stimme, »ich bringe Ihnen ein Küchlein und einen kleinen Tiegel Butter, die meine Mutter Euch schickt.«
Die gute Großmutter, die in ihrem Bett lag, weil sie sich ein wenig unwohl fühlte, rief ihm zu: »Zieh an dem kleinen Stift, und das Schloß wird aufspringen!«
Der Wolf zog an dem Stiftchen, und die Tür öffnete sich. Er warf sich auf die gute Frau und verschlang sie in null komma nichts, denn seit über drei Tagen hatte er nichts mehr gegessen. Danach verschloß er die Tür, legte sich in das Bett der Großmutter und wartete auf Rotkäppchen. Das kam dann auch einige Zeit später und klopfte an der Türe: Poch! Poch! »Wer ist da?«
Rotkäppchen, das die grobe Stimme des Wolfes hörte, erschrak zuerst.
Aber, da es glaubte, die Großmutter sei erkältet, antwortete es: »Eure Enkeltochter, das Rotkäppchen, ist es. Ich bringe Euch ein Küchlein und einen kleinen Tiegel Butter, die meine Mutter Euch schickt.«
Der Wolf rief ihm, indem er seine Stimme etwas weicher klingen ließ, zu: »Zieh an dem kleinen Stift, und das Schloß wird aufspringen!«
Rotkäppchen zog an dem Stiftchen und die Tür öffnete sich.
Der Wolf sah es eintreten und sagte ihm, während er sich im Bett unter der Decke versteckte: »Lege den Kuchen und den kleinen Tiegel Butter auf den Backtrog, und leg dich zu mir ins Bett.« Rotkäppchen zog sich aus und ging ins Bett. Aber dort war es sehr erstaunt zu sehen, wie seine Großmutter gebaut war, wenn sie keine Kleider anhatte. Es sagte zu ihr: »Meine Großmutter, was für große Arme Ihr habt!«
»Damit ich dich besser umarmen kann, mein Mädchen!«
»Meine Großmutter, was habt Ihr für große Beine!«
»Damit ich besser laufen kann, mein Kind!«
»Meine Großmutter, was habt Ihr für große Ohren!«
»Damit ich besser hören kann, mein Kind!«

et s'alla coucher dans le lit de la mère-grand, en attendant le petit Chaperon Rouge, qui, quelque temps après, vint heurter à la porte: Toc, toc. »Qui est là?« Le petit Chaperon Rouge, qui entendit la grosse voix du Loup, eut peur d'abord; mais, croyant que sa mère-grand était enrhumée, répondit: »C'est votre fille, le petit Chaperon Rouge, qui vous apporte une galette et un petit pot de beurre, que ma mère vous envoie.« Le Loup lui cria en adoucissant un peu sa voix: »Tire la chevillette, la bobinette cherra.« Le petit Chaperon Rouge tira la chevillette, et la porte s'ouvrit.
Le Loup, la voyant entrer, lui dit en se cachant dans le lit, sous la couverture: »Mets la galette et le petit pot de beurre sur la huche et viens te coucher avec moi.« Le petit Chaperon se déshabille et va se mettre au lit, où elle fut bien étonnée de voir comment sa mère-grand était faite en son déshabillé. Elle lui dit: »Ma mère-grand, que vous avez le grands bras! – C'est pour mieux t'mebrasser, ma fille! – Ma mère-grand, que vous avez de grandes jambes! – C'est pour mieux courir, mon enfant! – Ma mère-grand, que vous avez de grandes oreilles! C'est pour mieux écouter, mon enfant! – Ma mère – grand, que vous avez de grands yeux! – C'est pour mieux te voir, mon enfant! – Ma mère-grand, que vous avez de grandes dents! – C'est pour te manger!« Et, en disant ces mots, le méchant Loup se jeta sur le petit Chaperon Rouge et la mangea.

»Meine Großmutter, was habt Ihr für große Augen!«
»Damit ich dich besser sehen kann, mein Kind!«
»Meine Großmutter, was habt Ihr für große Zähne!«
»Damit ich dich fressen kann!«
Und mit diesen Worten fiel der böse Wolf über Rotkäppchen her und verschlang es.

Sogleich fällt auf, daß die Geschichte kein gutes Ende nimmt, denn Rotkäppchen wird vom Wolf gefressen und verdaut (aber davon später). Zunächst wollen wir festhalten: Eine ursprünglich hessische Begebenheit gelangt in einer ersten hessischen Märchenfassung – wenn unsere Vermutung zutrifft – nach Paris. Sie wird später durch Perraults Sammlung im 18. Jahrhundert, als die Liebhaberei des Märchenerzählens von französischen auch auf hessische Höfe übertragen wurde, zurückgebracht unters Volk, aus dem sie stammte, und dort, philanthropisch verändert, von den Märchenforschern fast dreihundert Jahre später aufgezeichnet[58]. Der Vorgang soll in einem Schema veranschaulicht werden:

58 Wiederum ein schönes Beispiel für die Beharrung des Hessischen: Was gut ist, kommt wieder. So ging es den hessischen Söldnern, von denen immerhin mehr als ein Drittel nach dem amerikanischen Unabhängigkeitskrieg wieder zurückkehrten. So fühlten bereits die

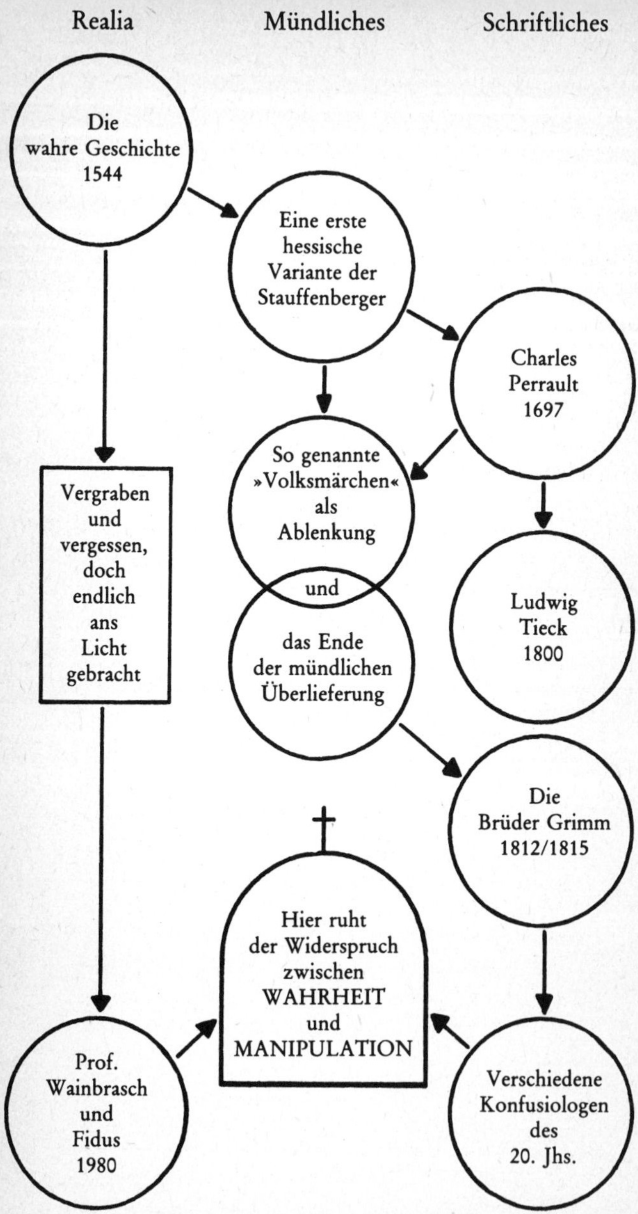
Realia
Mündliches
Schriftliches
Die wahre Geschichte 1544
Eine erste hessische Variante der Stauffenberger
Charles Perrault 1697
So genannte »Volksmärchen« als Ablenkung
und
das Ende der mündlichen Überlieferung
Vergraben und vergessen, doch endlich ans Licht gebracht
Ludwig Tieck 1800
Die Brüder Grimm 1812/1815
Hier ruht der Widerspruch zwischen WAHRHEIT und MANIPULATION
Prof. Wainbrasch und Fidus 1980
Verschiedene Konfusiologen des 20. Jhs.

Obgleich über andere Märchen eine Menge Mythologisches zu lesen ist, wären – wir wissen warum – solche Deutungsversuche beim »Rotkäppchen« fehl am Platz. So weiß auch Andrew Lang in der Einleitung seines Buches über Perrault (wie die Grimms) rein nichts über Herkunft und Vorlagen zu berichten. Die Spekulationen über Verbindungen zu alten Mythen (Nacht = Wolf verschluckt das Licht = Rotkäppchen bzw. Sonne = Wolf verschluckt die Sterne = Rotkäppchen) und die Vermutungen über eine Traditionskette von den indischen Veden über die Antike bis hin zu europäischen Volksmärchen (was ja das tägliche Brot für ganze Generationen von Mythenforschern und Volkskundlern bedeutete) stellt er zurück[59]. Mit anderen Geschichten Perraults hat man da mehr Glück gehabt, sie scheinen »allgemeingültiger« zu sein[60].
Immer wieder wird übersehen, daß, hervorgerufen durch

Chatten, die lieber in ihren Stammsitzen verblieben als an der anstrengenden Völkerwanderung teilzunehmen, auch wenn man sie spöttisch die »Fußkranken« nannte. – Alle Hinweise, daß durch Degeneration Plattfüße, Erbkrankheiten wie Dysplasien und Luxationen, auch Dorfidioten auftreten könnten, fruchteten nichts: Die Hessen blieben, wo sie waren, oder kamen schnell wieder zurück. Die Auswandererrate täuscht. – Erst heutzutage werden die Alten Hessen von den Neuen Hessen abgelöst. Während jene ihre alten Geschichten für sich behalten wollten, versuchen diese, sie endlich loszuwerden.

59 Der kritische Engländer bemerkt abschließend, Seite 59 der Einleitung: »To be sure, the convenient Wolf is regarded by mythologists as a ›representative of the sun or night‹ at will.« Das heißt, je nachdem wie es diesen »Forschern« paßt, darf der Wolf Tag oder Nacht darstellen. Die Anhänger der psychologischen Methode oder die interpretierenden Philologen verfahren nicht anders – und beziehen weiterhin hohe Staatsgehälter dafür!
Die Brüder Grimm waren da ehrlicher. Sie kommentieren im 1. Band 1812: »Zum Rothkäppchen. No. 26. Dieses Märchen haben wir, was zu wundern ist, nirgends angetroffen als bei Perrault (chaperon rouge), wonach Tiecks Bearbeitung.«

60 Nur Zeitmangel verbietet dem Herausgeber nachzuforschen, ob nicht etwa noch weitere Geschichten Perraults aus dem Hessischen stammen. Die Mehrzahl der von den Brüdern Grimm im ersten Band ihrer Kinder- und Hausmärchen gedruckten Erzählungen sind in Hessen gesammelt.

reale Begebenheiten, an Orten und zu Zeiten »wahre« Geschichten entstehen. Sie können aus Zufall anderen realen Begebenheiten früherer Zeiten und anderer Orte entsprechen. Die vergleichende Märchenforschung verknüpft sie, entdeckt die Gemeinsamkeiten und suggeriert dann die fortlaufende Tradition einer einzigen Geschichte[61].

Andrew Lang hat sehr schön die Moral der französischen Rotkäppchen-Version Perraults – nämlich die an junge Französinnen gerichtete Warnung vor ältlichen Mitgliedern der Académie Française – erkannt, wenn er einen Ausspruch des (zu) alten Racine überliefert, auch er sei solch ein mädchenfressender Wolf gewesen: »Il faut être régulier avec les Réguliers, comme j'ai été loup avec vous, et avec les autres loups, vos compères.«[62]

Den Franzosen war die Wolfsnatur des Mannes schon immer vertrauter als den pädagogischen Deutschen oder gar den romantischen Engländern, von denen einer, Charles Dickens, geseufzt haben soll: »Rotkäppchen war meine erste Liebe. Hätte ich Rotkäppchen heiraten können, wäre mir die vollkommene Glückseligkeit zuteil geworden.«[63] Nein, im Gegensatz zu den deutschen Versionen, die durch den Auferstehungsschluß (Großmutter und Rotkäppchen entsteigen dem Wolfsbauch) von der Jungfrauenfresserei des

61 Das ist so absurd, wie wenn die heutige Geburt eines Kindes nur als aufgewärmte Tradition einer »Urgeburt« aufgefaßt würde, oder der Kommando-Brüller eines Feldwebels als direkte Fortsetzung des menschlichen »Urschreis« (nur, weil zufällig Artikulationsbasis und Phonstärke übereinstimmen)!

62 Andrew Lang, Einleitung Seite 55. Die freie Übersetzung: »Bei den Ordensbrüdern muß man nach der Ordensregel leben, so wie ich mit Euch und den anderen Wölfen, Euren Brüdern, Wolf war.« Racine schrieb das in einem Brief an den Fabeldichter A.M. de la Fontaine, am 2. November 1661, von Usèz aus (einer reizenden südfranzösischen Kleinstadt, an die sich der Herausgeber gerne erinnert).

63 Nach den Angaben von Peter Grubbe im bereits zitierten Stern Nr. 51/1977, Seite 168. – Zum Glück für das Rodekopf-Käthchen ist das nicht geschehen. Dickens heiratete eine andere, produzierte zehn Kinder und mußte, um alle zu ernähren, voluminöse Bücher schreiben. Außerdem war der zeitliche Abstand (Dickens lebte von 1812–1870) zu groß, das Rodekopf-Käthchen wäre dann etwa 300 Jahre alt gewesen. – Charles Dickens als Nebenbuhler des Wolf von Staufenberg: Wer hätte da wohl den kürzeren gezogen?

Wolfes ablenken wollen, bringt die französische Fassung des Charles Perrault nur den moralischen Hinweis, daß (gute) junge Mädchen, wenn sie nicht aufpassen von den (bösen) Männern »vernascht« werden. Diese Moral hat Perrault in Verse gekleidet.[64] (Siehe Seite 60/61 in diesem Buch.)

Die Wolfsgefahr spielt auch im deutschen Rotkäppchen-Märchen eine zentrale Rolle. Aber es ist ein Unterschied, ob der Wolf absolut gefährlich ist (er verschlingt junge Mädchen, basta!) oder durch die »Rettung aus dem Bauch« zum überlisteten Bösewicht wird. Diese Aufweichung wird besonders deutlich in der Interpretation des Märchenjournalisten Peter Grubbe, den wir deshalb – in Kenntnis der wahren Geschichte natürlich besser unterrichtet – ausführlich und mit Vergnügen zu Wort kommen lassen:[65]

»Bei ›Rotkäppchen‹ geht es um ein anderes Thema. Das junge Mädchen, dessen rote Kappe den Eintritt in die Pubertät signalisiert, wird vom Wolf gefressen, weil es sich von ihm, dem männlichen Verführer, ansprechen läßt. Es hat seinen Weg verlassen, um Blumen zu pflücken, statt sich um die kranke Großmutter zu kümmern. Aber der Jäger, in fast allen Märchen eine Art Vaterfigur, rettet das Kind, indem er es aus dem Bauch des Tieres wieder herausschneidet.
›Rotkäppchen‹ handelt nach Bettelheim vom Widerstreit zwischen menschlicher Pflicht und sinnlicher Lust, der sich in jedem Kind abspielt. Das junge Mädchen sollte der Kranken helfen, möchte aber lieber Blumen sammeln – das heißt sich schmücken – und läßt sich mit Fremden ein. Dieses Märchen ist die Geschichte eines Schulmädchens, das nicht auf dem Pfad der Tugend bleibt, sondern der Versuchung nachgibt, sich also sehr menschlich verhält und dennoch gerettet wird. Vermutlich ist die Geschichte gerade wegen

64 Aus Andrew Lang, Seite 22. – Perrault knüpfte an die Tradition der französischen Feenmärchen an. Sie handelten (frz. *fairies*, engl. *fairytales*) zunächst von guten Wesen, den Elfen, und waren in Versform. Später dann, mit den rohen Prosafassungen, kam das böse Prinzip in diese »guten« Geschichten.

65 Stern 51/1977, Seiten 168 und 171, selbstverständlich in Abhängigkeit von Gedanken Bruno Bettelheims, des Kinderpsychologen, der die Märchen – dagegen ist nichts einzuwenden – als Therapiehilfe benutzt.

MORALITÉ

On voit icy que de jeunes enfants,
Sur tout de jeunes filles,
Belles, bien faites, & gentilles,
Font très-mal d'écouter toute sorte de gens,
Et que ce n'est pas chose étrange,
S'il en est tant que le loup mange.
Je dis le loup, car tous les loups;
Ne sont pas de la mesme sorte;
Il en est d'une humeur accorte,
Sans bruit, sans fiel & sans couroux,
Qui privez, complaisans & doux,
Suivant les jeunes Demoiselles,
Jusque dans les maisons, jusque dans les ruelles;
Mais helas! qui ne sçait que ces Loups doucereux,
De tous les Loups sont les plus dangereux.

DIE MORAL VON DER GESCHICHT

Man sieht hier, daß junge Kinder,
besonders kleine Mädchen,
die hübsch, gut gebaut und freundlich sind,
sehr schlecht daran tun, jedermann zu glauben,
und daß es nicht weiter befremdlich ist,
daß der Wolf sie, wenn sie es doch tun, frißt.
Ich sage der Wolf, denn nicht alle Wölfe
sind gleich.
Es gibt welche, die haben einen sehr
freundlichen Charakter,
sie sind nicht laut, nicht giftig,
nicht grimmig.
Entgegenkommend, bereitwillig und
zartfühlend
folgen sie den jungen Damen
bis in die Häuser, bis in die Gassen;
Aber, leider! Wer weiß nicht, daß diese so zärtlichen Wölfe
von allen Wölfen die gefährlichsten sind.

(Bettina Grimm)

ihrer Menschlichkeit und wegen des Trostes, den sie verheißt, nicht nur bei Kindern, sondern auch bei Erwachsenen besonders beliebt.
Wie viele Märchen enthält auch ›Rotkäppchen‹ ein Stück sexueller Aufklärung. Der Wolf sagt dem Mädchen zwar sanfte, zärtliche Dinge. Aber als er sich aus dem Bett der Großmutter erhebt, um sie zu fressen, da entdeckt das Mädchen, daß er einen ›ganz behaarten Körper hat‹. Zu ihrer neugierigen Lust kommt – zu spät – der Schrecken. Glücklicherweise hinterläßt die Versuchung, der sie nachgibt, keinen bleibenden Schaden. Nach dem Gefressenwerden und der Befreiung durch den Jäger macht Rotkäppchen sich ›fröhlich und vergnügt wieder auf den Weg‹. Umgang mit Verführern wird zwar bestraft, bringt aber nicht um.«

Bringt eben doch um, wie die tragische Urgeschichte beweist – und Perrault wenigstens andeutet: wenn man sich nicht vorsieht!

Die Methoden der Märchenverfälschung

Offensichtlich beginnt die Verfälschung der wahren Begebenheit sogleich nach dem Begräbnis Käthchens. Wer wollte wohl daran zweifeln, daß die Sippe der Staufenberger es war, die ein Interesse daran hatte, die peinliche Wahrheit zu verschleiern?
Man bot dem Volk Varianten an, bereicherte durch eine Großmutter, verwandelte den Mann in einen Wolf, der auf Blumen und Vögel aufmerksam macht! Der auf junges, frisches Mädchenfleisch zunächst verzichtet, damit er den lederartig zähen Braten der Großmutter zuerst schlucken kann! Der umständlich Weiberkleider anzieht und dramatisch-verstellende Reden schwingt, um dann erst zu tun, was er schon längst hätte tun können und sollen: das frische Fleisch genießen, wie es jeder anständige Wolf versuchen würde. Das alles geschieht durch »Entfremdung« in einem Jahrhunderte dauernden Vorgang, von dem wir nur die schriftliche Fassungen des Perrault, das Tiecksche Machwerk und die Märchenhuberei der Gebrüder Grimm als

Stationen beobachten können. Die Großmutter und der Tier-Wolf sind die ersten Etappen auf dem Weg der Verfälschungen. Beide finden sich schon in der durch Perrault berichteten ersten hessischen Variante. Wiewohl bereits hier die »Feminisierung« des Wolfes im Stil der Zeit erfolgt (der Wolf verführt durch Reden, verstellt sich), wird doch in den von den Gebrüdern Grimm aufgezeichneten Fassungen der Gipfel der Schafspelzigkeit erreicht. Die Auferstehung aus dem Wolfsbauch ist, wie an früherer Stelle (Seite 46) erklärt, eine läppische philanthropische Schnörkelei, die, nach Bruno Bettelheim, sogar die Seelenlage der Kinder – sie brauchen ein gewisses Maß an Grausamkeit, so ist nun einmal die Welt! – mißversteht. Und obgleich auch die Tierfabel den Wolf zwar als gefräßig und gefährlich, aber nicht sehr schlau – er unterliegt dem listigen Fuchs – schildert, ist in dem Grimmschen Märchen der Wolf von horrender Dummheit: Er bleibt im Bett liegen, damit der Jäger ihn findet und ihm den Bauch aufschneiden kann! Ein sehr törichter Wolf, der sich da in die Geschichte einschleicht, und nicht viel besser steht es mit dem Jäger. Auch er ein merkwürdiger Weidgeselle, mit abartigen Jagdmethoden! Statt das Jagdmesser zu benutzen, wie das jeder anständige hessische Weidmann tun würde, benimmt er sich wie ein Schneider und gebraucht die Schere[66]. Um Pulver und Blei zu sparen, begeht er – unweidmännisch – Tierquälerei. Der Wolf muß sich an den Steinen zu Tode schleppen. – Natürlich steht hinter dieser Jägergestalt (wie kann Peter Grubbe nur vom Jäger als einer Vaterfigur sprechen!) der stümperhafte Arzt der Urfassung, der mit Geburtszange und Skalpell nicht umgehen konnte, niemals der wackere Jäger Adolf.
Geradezu absurd erscheint die Idee, Großmutter und Rotkäppchen den Verdauungstrakten entspringen zu lassen: Gar scharf ist der Magensaft der Wölfe! Und volksverdummend muß man die moralistische Pointe der nachfolgenden Zeit nennen: Rotkäppchen wird das nie wieder tun. Eine Empfehlung für Leibeigene!

66 Er hätte sich heute vom Hessischen Landesjagdverband unwaidmännisches Verhalten vorwerfen lassen müssen und zusätzlich von Professor Hackethal eine Klage wegen ärztlicher Pfuscherei eingehandelt.

Irrungen – Wirrungen: Tieck, Retzer, Ungerer, Fetscher und andere

Die sieben Raben, das warn nur sechs
die gute Fee, das war a Hex,
der böse Wolf, ein kleiner Dackel,
der Märchenprinz, ein schiacher Lackel.
Ludwig Hirsch

Nun hat es, lange schon vor dem bereits erwähnten Iring Fetscher, Rotkäppchen-Verwirrungen gegeben. Während wir Perrault und die Grimms als unschuldige Opfer der immanenten Geschichts- und Geschichtenmanipulation auffassen, sind andere Versionen doch bewußter gestaltet, in guter wie böser Absicht. Aus Raumgründen (hart sind die Taschenbuchverträge der Verleger!) können nur die wichtigsten behandelt werden.
Beginnen wir mit einem Zeitgenossen der Gebrüder Grimm, dem romantischen Programmatiker Ludwig Tieck. Ihm kam die unglückliche Idee, Märchen des Charles Perrault zu dramatisieren, und so schrieb er eine damals wie heute kaum beachtete Tragödie: »Leben und Tod des kleinen Rotkäppchens«[67]. Die meisten der Bewunderer Tiecks – und es gibt unzählige Germanisten, die ihre akademische Würde durch die schriftliche Bewunderung Tiecks erlangten – verschweigen seinen Fehltritt aus Scham[68], aber die marxistische Literaturbetrachtung findet an allem noch ein gutes Haar und mutmaßt, Tieck habe (in politischer Bravour, elf Jahre nach der französischen Revolution, aus echter Liberalität?) eine Allegorie der roten Jakobinermütze beabsichtigt[69].

67 Schriften, Band 2, Berlin 1828.
68 Nicht so Ernst Ribbat, Ludwig Tieck. Studien zur Konzeption und Praxis romantischer Poesie. Kronberg/Ts. 1978. – Allerdings muß man ihm zugutehalten, daß er das Thema zum Zwecke der Habilitation, also des akademischen Broterwerbs, vom Zaune brechen mußte. Seite 137 beklagt Ribbat: »Der ›Tragödie‹ fehlt jener wunderbare Abschluß, welcher bei den Brüdern Grimm das Märchen erst zum Märchen macht, die Wiederbelebung von Großmutter und Rotkäppchen.« – So wäre Perraults Fassung kein Märchen? (Ist's ja ursprünglich auch nicht gewesen, wie wir wissen, sondern erst dazu gemacht worden. Anm. des Herausgebers.)
69 So Hans-Wolf Jäger, Trägt Rotkäppchen eine Jakobiner-Mütze? Über mutmaßliche Konnotate bei Tieck und Grimm. In: Literatur-

Eine brauchbare Methode der dekonfusiologischen Narrativik besteht darin, statt herumzuinterpretieren, das Original dem Betrachter offenzulegen. Es genügen diese Kostproben, um Tiecks Dichtung als übles Machwerk zu entlarven:

LEBEN UND TOD DES KLEINEN ROTHKÄPPCHENS.

Erste Scene.

Stube.

Die Großmutter sitzt und lies't.

Ist heute gar ein schöner Tag,
An dem man gern Gott dienen mag,
Das Wetter ist hell, scheint die Sonne herein,
Da muß das Herz andächtig sein.
Ich höre von ferne das Geläute,
Es ist ein lieblicher Sonntag heute,
Vor dem Fenster die Bäume sich rauschend neigen,
Als wollten sie sich gottsfürchtig bezeigen.
Ich wohn allhier vom Dorf abseitig,
Sonst ging ich gern zur Kirche zeitig,
Doch ich bin alt, dazu krank gewesen,
Da thu ich im lieben Gesangbuch lesen,

soziologie II, hg. von Joachim Bark. Stuttgart, Berlin, Köln, Mainz 1974. Seiten 159–180. – Der Rotkäppchen-Stoff hat sich schon viel gefallen lassen müssen. Mal wurde ein kosmisches Märchen daraus (Husson, Lang), dann ein Schreck- und Warnmärchen (Marianne Rumpf) und schließlich dank marxistisch-antikapitalistischer Interpretationskunst ein politisches Märchen. Doch bleibt bei allem Rotkäppchen-Enthusiasmus die Beweisführung schwach, weil man bedenken muß: Die rote Kappe des Mädchens kann schon deshalb nicht für revolutionäre Inhalte stehen, weil sie, wie wir aus der Urfassung wissen, einer Volksetymologie entsprang. H.W. Jägers Versuch, im Jäger den Befreier, im Wolf den Franzosen (Napoleon) und im verschluckten Rotkäppchen die Deutschen zu sehen, reiht ihn ein unter die professionellen Märchenverwirrer. Die Arbeit gehört zum Besten, was die konfusiologische Narrativik bisher hervorgebracht hat.

Der Herr muß damit zufrieden sich geben,
Eine arme Frau kann nicht mehr thun eben. –

Gähnt und macht das Buch zu.

Ach Gott! so geht es in der Welt!
Ja, ja, es ist recht schlimm bestellt.
Meine Tochter Elsbeth backt heute Kuchen,
Da wird mich wohl klein Rothkäppchen besuchen.
Es geht die Thür oder es ist der Wind,
Ich glaube da kommt das kleine Kind.

Rothkäppchen tritt herein.

Rothkäppchen.

Guten Morgen, lieb' Großmutter, wie geht es dir?

Großmutter.

Großen Dank, mein Kind, es geht so so – was matt.

Rothkäppchen.

Ich kam so sachtchen durch die Thür;
Ich dachte: wenn sie nicht gut geschlafen hat,
So mag sie wohl jezt ein bischen nicken,
Da mußt du sie nicht aus dem Schlummer wecken.

Großmutter.

Ich bin schon heut früh munter gewesen
Und habe in Gottes Wort gelesen.

Rothkäppchen.

Du bist recht fromm. Die Mutter hat heut
Einen schönen großen Kuchen gebacken,
Da schickt sie dir auch ein Stück.

Großmutter.

Du liebe Zeit!
Ei, Dank, mein Kind! Der schaut recht wacker.
Wo sind denn die lieben Eltern dein?

Rothkäppchen.

Sie werden jezt in der Kirche sein.
Ich ging vorbei, die Orgel klung
Recht lustig, der Kanter mächtig sung.
Mit der Kirch ist es heut besonders bewendt,
Es predigt drin der Superdent,

Der Pastor ist noch krank, deswegen
Ists heute drin recht dick voll Leut;
Sie meinen, der könnte recht den Text auslegen. –
Du hast ja schönen frischen Sand gestreut.

Großmutter.

Man muß doch auch wissen, daß Sonntag ist,
Sonst lebt man wie'n Heide und nicht wie ein Christ.

Rothkäppchen.

Sie haben mich auch heute weiß angezogen,
Sieh nur die bunten Blumen, das neue Kleid!
Dem Käppchen bin ich besonders gewogen,
Das du mir schenktest zur Weihnachtszeit.
Sie sagen alle, es thäte Noth,
Daß ich das Käppchen ließe liegen
Und es nicht alle Tage trüge;
Aber es geht doch keine Farbe über Roth.

Großmutter.

Ei, liebes Kind, trag du sie dreist,
Ich hab sie dir geschenkt zum heiligen Christ,
Sie kleidt dich hübsch, und wie du weißt,
Du seitdem Rothkäppchen geheißen bist;
Ist die aufgetragen, schafft man wohl Rath zu 'ner neuen.

Rothkäppchen.

Wie wollt ich mich von Herzen freuen,
Wenn sie mich erst könnten konfirmiren!
Dazu mußt du mir wieder 'ne rothe Kappe schenken.

Großmutter.

Daran ist jezt noch nicht zu denken,
Du bist kaum sieben Jahr, da führen
Sie noch kein Kind an den Tisch des Herrn,
Da können sie noch nichts von Religion verstehn,
Du dürftest auch nicht in 'ner rothen Mütze gehn,
Müßtest schwarz und ehrbar dich tragen,
Einen Muff, 'nen hohen Kragen;
Das kann Gott der Herr nicht vertragen,
Daß man zu ihm wie zum Tanzboden springt,
Sein Wort mit rothen Mützen in der Kirche singt.

Rothkäppchen.
Bin doch schon so in die Kirche gegangen,
Und hat mir keiner was drum gethan.

Großmutter.
Als Kind ist dirs so hingegangen,
Die Unmünd'gen sieht er so genau nicht an.

Rothkäppchen.
Was hat aber Gott an so schönen rothen Mützen
Denn so gar großes auszusetzen?

Großmutter.
Ei schweig, du böses Kind! Vor der Hand
Hast du davon noch keinen Verstand;
Wer da will in sein Himmelreich eingehen,
Muß sich wohl zu schwereren Dingen verstehen.
Ließe mich Gott nur so lange leben,
Daß ich dir zum Abendmahl könnt' ein Müffchen schenken!
Doch ist daran nicht zu gedenken,
Ich muß wohl bald den Geist aufgeben.

Rothkäppchen.
Großmutter, nein, das thut nicht Noth.

Großmutter.
Hin geht die Zeit, her kommt der Tod. –

Vom trunksüchtigen, kranken Vater wird noch berichtet, dann läppert sich die Szene zu Ende. In den folgenden, nicht gerade sehr dramatischen Szenen führt das frühreife Rotkäppchen lose Reden mit dem Jäger, treten Bauern auf, begegnen sich Wolf und Hund, reden Vögel. – So knittelt der siebenundzwanzigjährige Johann Ludwig in Faustscher Manier, strickt ein altkluges Rotkäppchen: Wen die rote Kappe juckt, der wird zu Recht vom Wolf gefressen. Während der französische Wolf des Perrault sein Rotkäppchen genießen darf, ohne daß er dafür bestraft wird, ergeht es dem Tieckschen Wolf (einem deutschen Möchte-gern-Hund) übel. Der Jäger schießt den Bösewicht, der das gute, aber leichtgläubige Mädchen verschlungen hat, tot. Ludwig

Tieck verbeugt sich vor dem spießigen Zeitalter: Strafe muß sein!
Lassen wir den Schluß für sich selbst sprechen:

Fünfte Scene.

Stube.

Der Wolf im Bett.

So war ich glücklich herein gekommen
Und habe der alten Frau das Leben genommen,
Die Thür stand, gegen mein Verhoffen
Im Hof' und auch im Hause offen;
Die Alte war erzürnt und wollte sich wehren,
Doch durft' ich mich daran nicht kehren,
Nun ist sie erwürgt, liegt unter dem Bette;
Wünscht' nur, daß ich Rothkäppchen hier hätte.
Doch will ich schlau die Sache anstellen
Und mich als das alte Weib jezt stellen;
Ich setze die Haube auf, es wird schon finster,
Es kommt nicht viel Licht durch die Fenster,
So lieg' ich im Bett, als wär' ich kränklich.
Ich höre sie schon, sie kommt nachdenklich.

Rothkäppchen tritt herein.

Rothkäppchen.
Großmutter, bist du schon zu Bett gegangen?

Wolf.
Schon seit einer Stunde, ich hatte Verlangen
Dich, liebes Kind, wieder zu sehn, mir ist nicht wohl.

Rothkäppchen.
Ich dich von der Mutter schön grüßen soll,
Sie schickt dir ein gekochtes Huhn,
Das wird dir wohl in der Schwachheit thun.
Der Vater war nicht gut aufgelegt,
Ich lief schnell fort, weil er manchmal schlägt,
Er will nicht immer, daß ich zu dir gehe
Und dir in deiner Noth beistehe. –

Du liegst zu Bett, doch am verkehrten Ende.
Ei, Großmutter, was hast du für närrische Hände?

Wolf.

Sie sind gut, damit was fest zu halten.

Rothkäppchen.

Es wollten zu Hause die beiden Alten,
Daß ich die Nacht bei dir bleiben sollte.

Wolf.

Das war es, was ich selber wollte.

Rothkäppchen.

Sie sagen, es ist nicht gut in der Nacht zu gehn,
Man könnte mir da nicht für Schaden stehn.
Ei, Großmutter, was hast du für große Ohren!

Wolf.

Ich kann damit desto besser hören.

Rothkäppchen.

Das Fenster steht auf, es zieht kalt herein.

Wolf.

Laß nur, im Bett wird dir wärmer seyn.

Rothkäppchen.

Ich hatte so zu dir zu kommen Verlangen,
Nun wird mir hier in der Stube so bange.
Ei, Großmutter, was hast du für große Augen!

Wolf.

Desto besser sie zum Sehen taugen.

Rothkäppchen.

Auch die Nase sitzt dir nicht so wie immer.

Wolf.

Mein Kind, das macht der Abendschimmer.

Rothkäppchen.

Ei Herr Je! was hast du für 'nen großen Mund!

Wolf.

Desto besser er dich fressen kunnt!

Rothkäppchen.
Ach! Hülfe! Hülfe! kommt, helft meiner Noth!

Wolf.
Du schreist vergebens, du bist schon todt!

Der Vorhang des Bettes fällt zu.

Die beiden Rothkehlchen fliegen durch das Fenster.

Erster Vogel.
Komm, laß uns durch das Fenster fliegen.

Zweiter Vogel.
Rothkäppchen ist drinne, unser Vergnügen.

Erster Vogel.
Sie liegt wohl im Bett, ich seh' nach ihr.

Hüpft hinter den Vorhang.

Zweiter Vogel.
Die Luft zieht hübsch durch Fenster und Thür.

Erster Vogel kommt zurück.
O weh! O weh! O Jammer und Noth!

Zweiter Vogel.
Was giebts?

Erster Vogel.
Der Wolf ist da, Rothkäppchen schon todt.

Beide.
O weh! o weh! der großen Noth!

Der Jäger sieht zum Fenster herein.

Jäger.
Was schreit ihr denn so gar erbärmlich?

Die Vögel.
Rothkäppchen ist todt ganz Gotts erbärmlich!
Der wilde Wolf hat sie zerrissen,
Und auch zum Theil schon aufgefressen.

Jäger.
Daß Gott erbarm! ich schieße zum Fenster hinein. –

Er schießt hinein.

Da liegt der Wolf und ist auch todt,
So muß für alles Strafe seyn,
Er schwimmt in seinem Blute roth.
Es kann einer wohl ein Verbrechen begehn,
Doch kann er nie der Strafe entgehn.

Ein echt deutscher Schluß also, schlimmer konnte man mit Perraults Märchen nicht umgehen. Der berühmte Gundolf hatte recht, als er über Tieck sagte: »Er fing an als Unterhaltungs-Schriftsteller niedrigen Niveaus... er hörte auf als Literaturgreis und Unterhaltungs-Schriftsteller hohen Niveaus.«[70]

Fürwahr bestehen wenig Gründe, um Tieck, ausgerechnet des Rotkäppchens wegen, zum Sozialrevolutionär hochzustilisieren. Wenn man Sozialproblematik finden will, sollte man sich besser auf die Urfassung des Rotkäppchen-Märchens beziehen.

Viel erfrischender, unendlich mutiger ist dagegen eine Polit-Satire aus den dreißiger Jahren unseres Jahrhunderts, Wugg Retzers »Rotkäppchen« von 1937[71], das man der heutigen Generation, wie Norbert Feinäugle[72] es tut, nur mehr mit vielen Worterklärungen darbieten kann[73]. Hier der erstaunliche Text:

70 Friedrich Gundolf, Ludwig Tieck. In: Romantiker, Neue Folge. Berlin 1931. Seite 7.

71 Zuerst erschienen in der Münchener Faschingszeitung der Münchener Neuesten Nachrichten unter »Münchener Netteste Nachrichten«.

72 Norbert Feinäugle (Hg.), Satirische Texte. In der Reihe: Reclam-Arbeitstexte für den Unterricht. Stuttgart 1976 (und 1979). Feinäugle bezieht sich auf Anton Schwind, Bayern und Rheinländer im Spiegel des Pressehumors von München und Köln. Ein Beitrag zur Wesenskunde zweier Stämme, München und Basel 1958, Seite 64.

73 Lesekundige unter 37 Jahren sollten daher vor der Lektüre das von Norbert Feinäugle (s. die Seiten 68–70) gefertigte Glossar benutzen. (Die rechte Spalte stammt vom Herausgeber.)
Arbeitsdienst – Nationalsozialistische Entwicklungshilfe für die deutsche Jugend.
BDM – Bund Deutscher Mädel, von Chauvinisten als »Bund deutscher Milchkühe« bezeichnet.

WUGG RETZER: DAS ROTKÄPPCHEN

Es war einmal vor vielen, vielen Jahren in Deutschland ein Wald, den der Arbeitsdienst noch nicht gerodet hatte, und in diesem Wald lebte ein Wolf. An einem schönen Sonntag nun, es war gerade Erntedankfest, da ging ein kleines BDM-Mädel durch den Wald. Es hatte ein rotes Käppchen auf und wollte seine arische Großmutter besuchen, die in einem Mütterheim der NSV untergebracht war. In der Hand trug es ein Körbchen mit einer Pfundspende und einer Flasche Patenwein.

Da begegnete ihm der böse Wolf. Er hatte ein ganz braunes Fell, damit niemand gleich von Anbeginn seine rassefremden Absichten merken sollte. Rotkäppchen dachte auch nichts Böses, weil es ja wußte, daß alle Volksschädlinge im Konzentrationslager säßen, und glaubte, einen ganz gewöhnlichen bürgerlichen Hund vor sich zu haben.

»Heil, Rotkäppchen!« sagte der Wolf. »Wo gehst Du denn hin?« Rotkäppchen antwortete: »Ich gehe zu meiner Oma ins Mütterheim.« »So«, sagte der Wolf. »Aber dann bring ihr doch ein paar Blumen mit, mit denen das Amt für Schönheit der Holzarbeit den Wald geschmückt hat!« Sogleich machte sich Rotkäppchen daran, ein Erntesträußchen zu pflücken. Der Wolf aber eilte zum Mütterheim, fraß die Großmutter auf, schlüpfte in ihre Kleider, steckte sich das Frauenschaftsabzeichen an und legte sich ins Bett.

Da kam auch Rotkäppchen schon zur Tür herein und fragte: »Nun, liebe Oma, wie geht es Dir?« Der Wolf versuchte, die volksnahe Stimme der Oma nachzumachen und antwortete: »Gut, mein liebes Kind!« Rotkäppchen fragte: »Warum sprichst Du heute so andersartig zu mir?« Der Wolf antwortete: »Die Rednerausbildung am Vormittag hat mich zu sehr beansprucht.« – »Aber Oma, was hast Du für große Ohren?« – »Damit ich das Geflüster der Meckerer besser hören kann!« – »Was hast Du denn für große Augen?« –

NSV – Nationalsozialistische Volkswohlfahrt, eine gutherzige, aber böswillige Einrichtung.
Pfundspende und **Patenwein** – Milde Gaben in harter Zeit.
Frauenschaft – Weiblicher Ableger der NSDAP.
Kulturgemeinde – Zusammenkunft von Gläubigen zum Absingen nationalsozialistischer Lieder und Anhören ebensolcher Reden.
Reichsnährstand – fast wie heute?
Kraft durch Freude – Nationalsozialistischer Tourismus.

»Damit ich die Wühlmäuschen besser sehen kann!« – »Was hast Du denn für einen großen Mund?« – »Du weißt doch, daß ich in der Kulturgemeinde bin!« Und mit diesen Worten fraß er das arme Rotkäppchen, legte sich ins Bett, schlief in seiner verantwortungslosen Art sofort ein und schnarchte.
Da ging draußen der Kreisjägermeister vorbei. Er hörte ihn und dachte: »Wie kann eine arische Großmutter so rassefremd schnarchen?« Und als er nachsah, da fand er den Wolf; und er schoß ihn, obwohl er keinen Jagdschein für Wölfe hatte, auf eigene Verantwortung hin tot. Dann schlitzte er ihm den Bauch auf und fand Großmutter und Kind noch lebend! War das eine Freude! Der Wolf wurde dem Reichsnährstand zugewiesen und zu Fleisch im eigenen Saft verarbeitet. Der Kreisjägermeister durfte an der Uniform einen goldgestickten Wolf tragen. Rotkäppchen wurde zur Unterführerin im BDM befördert, und die Großmutter durfte auf einem funkelnagelneuen KDF-Dampfer eine Erholungsreise nach Madeira machen.

Harmlos dagegen ist ein Satirchen, das sich James Thurber leistet, um die Frühreife moderner Teenager (Kleinmädchen) zu untermalen:[74]

Eines Nachmittags saß ein großer Wolf in einem finsteren Wald und wartete, daß ein kleines Mädchen mit einem Korb voller Lebensmittel für ihre Großmutter des Weges käme. Endlich kam auch ein kleines Mädchen des Weges, und es trug einen Korb voller Lebensmittel. »Bringst du den Korb zu deiner Großmutter?« fragte der Wolf. Das kleine Mädchen sagte ja, und nun erkundigte sich der Wolf, wo die Großmutter wohne. Das kleine Mädchen gab ihm Auskunft, und er verschwand in den Wald.
Als das kleine Mädchen das Haus seiner Großmutter betrat, sah es, daß jemand im Bett lag, der ein Nachthemd und eine Nachthaube trug. Es war noch keine drei Schritte auf das Bett zugegangen, da merkte es, daß es nicht seine Großmutter war, sondern der Wolf, denn selbst in einer Nachthaube sieht ein Wolf einer Großmutter nicht ähnlicher als der Metro-Goldwyn-

74 James Thurber, 75 Fabeln für Zeitgenossen. Hamburg 1967. Seite 10.

Löwe dem Präsidenten der Vereinigten Staaten. Also nahm das kleine Mädchen einen Browning aus seinem Korb und schoß den Wolf tot.
Moral: Es ist heutzutage nicht mehr so leicht wie ehedem, kleinen Mädchen etwas vorzumachen.

In »Tomi Ungerers Märchenbuch«[75] wird ein amüsantes Rotkäppchen geschildert und bebildert. Der Text sei hier wiedergegeben:

Es war einmal vor langer Zeit, da stand mitten in einem gottverlassenen Wald ein Schloß. In diesem Schloß lebte ein Wolf. Der Wald war finster und unwegsam, das Schloß aber prächtig, und der Wolf, wie alle Wölfe, war böse, voll schlechter Gedanken und ganz schrecklich schrecklich. Der Ruf, in dem er stand, war gar noch schlimmer als seine Taten. Er wohnte dort ganz allein, denn alle hatten Angst vor ihm, und nur ein Schwarm Raben mußte ihm zu Diensten sein. Ohne Frau, ohne Sohn und Erben, mit Barthaaren, die schon langsam silberweiß wurden, verbrachte er seine Tage damit, die Wälder nach einer saftigen Beute zu durchstreifen.
Eines Tages, als er so über die weiten Baumwipfel hinblickte von einer seiner mächtigen Zinnen, kam eine seiner Wächterkrähen zu ihm geflogen.
»Verehrlicher Meister, hochmögender Herzog und allseits geliebter Gebieter«, krächzte sie, »in einem Dikkicht, drei Meilen von hier im Nordosten, hinter dem Moor, wo das Ödland beginnt, habe ich ein kleines Mädchen erspäht, einen leckeren Happen von einem Mädchen, das Beeren pflückt auf Eurem Gebiete. Es hat lauter rote Sachen an, so rot wie ein Stoppschild.
»Brav, brav, meine treue Dienstbotin«, knurrte der Wolf und schmatzte lüstern mit den Lefzen. »Wir werden uns der Sache alsbald annehmen.« Alsbald hieß sofort, und fort war der Wolf.
Das kleine Mädchen in Rot, es hieß... ja... das habt ihr längst erraten, es hieß Rotkäppchen. Aber es war nicht

75 Zürich 1975. Seiten 84–91.

das Rotkäppchen, von dem ihr vielleicht schon einmal gelesen habt. Nein. Dieses Rotkäppchen hier ist das echte, richtige Rotkäppchen, nicht das aus dem albernen Märchen, und diese Geschichte ist, hundert zu eins gewettet, seine wahre Geschichte. Rotkäppchen war so hübsch, wie man es sich nur denken kann: rosig und sanft. Seine blonden Zöpfe leuchteten wie frisches Brot, und in das Blau seiner Augen hätten gleich alle Vögel fliegen mögen. Außerdem hatte es ein sehr schlaues Köpfchen. Die roten Sachen alle trug es, weil seine Mutter den wunderlichen Gedanken gehabt hatte, daß man es auf diese Weise am leichtesten überall wiederfinden könnte, wenn es einmal abhanden kam. Rotkäppchen machte sich nichts daraus. So bin ich ein bißchen was Besonderes, dachte es.

Rotkäppchen hatte sich auf den Weg gemacht, um seiner schrulligen und bösen Großmutter, die an einem grün schillernden Teich in einer verfallenen alten Hütte wohnte, wie jede Woche etwas zu essen zu bringen. Die Körbe, die es trug, waren schwer, denn es befanden sich darin drei Schweinsköpfe, zwei Töpfe ausgelassenes Schmalz, zwei große Flaschen Apfelmost und zwei Laib Brot. Die alte Frau war eine frühere Opernsängerin, deren Stimme schrill geworden war. Sie war ungeheuer abergläubisch und bildete sich steif und fest ein, ihre schrille Stimme könnte wieder schön werden, wenn sie nur immerzu Schweinsköpfe äße – Augen, Hirn und alles. Ihre Hütte wimmelte von Fliegen, die ebenfalls gerne Schweinsköpfe mochten, besonders im Sommer.

Rotkäppchen ging gar nicht gern zu ihr. Es war ein heißer und schwüler Tag, und das rote Wollcape kratzte und klebte am Rücken. Die Körbe wurden schwer und schwerer, und die Arme lang und länger. Ganz erschöpft blieb Rotkäppchen im kühlenden Schatten des Waldes stehen und fing an, sich von den duftenden Beeren zu pflücken. ›Es ist nicht schlimm, wenn ich eine Pause mache und mich vielleicht ein bißchen verspäte‹, überlegte es. ›Die Körbe hier sind so schwer, daß man fast glauben könnte, es ist was darin, was in einem fort wächst. Und was ich für die ganze Plackerei bekomme, das sind sowieso bloß Schläge und böse Worte. Jedesmal, wenn ich hinkomme, wirft sie mir Sachen vor, die ich noch nie gemacht habe, daß ich nämlich von dem Apfelmost genascht und an dem Schweinsrüssel geknabbert hätte und so weiter und so fort und Punkt, Komma, Strich. Und auf meiner zarten Haut sind immer noch die blauen Flekke, wo die Alte mich geschlagen hat, und hier, hier kann man die Stelle sehen, wo sie mich in die Schulter gebissen hat letzte Woche. Gemein bis ins Herz hinein, das ist sie.‹

»Hallo, du da«, knurrte eine tiefe und rauhe Stimme hinter einem Baum hervor. Es war der Wolf, der sich lautlos an das Kind, das unbefugt sein Gebiet betreten, herangeschlichen hatte. »Hallo, mein entzückendes Fräulein, was kommt dich an, dich an meinem Eigentum zu vergreifen und meine Beerenbüsche abzuweiden?«

»Oh, ah, habt Ihr mich aber erschreckt, ja, guten Tag auch, Eure Exzellenz«, erwiderte das entzückende Fräulein. »Ihr findet mich hier beim Beerenpflücken für mein ungeduldiges kleines Bäuchlein, und ich war gerade auf dem Weg zu meiner bösen alten Großmutter, die am grünen Fliegenteich wohnt, um ihr diese Körbe mit Lebensmitteln zu bringen, und außerdem habe ich nirgends ein Schild bemerkt, das Unbefugten das Betreten verbietet, wie hätte ich also wissen sollen, wem der Wald gehört, in den ich eingedrungen bin, edler Fürst?«

»Potz Koriander und Majoran, junge Dame, schöne junge Dame, vielleicht bist du frech, vielleicht bist du schlau, aber mir gefällt dein Betragen. Diese Körbe scheinen wirklich schwer zu sein. Ha! Weißt du was? Ich werde sie dir tragen helfen. Ich bin stark und tüchtig, und es ist, wenn du mich fragst, eine wahre Schande, einem so süßen kleinen roten Mädchen derartige Lasten aufzubürden. Ich weiß von deiner Großmutter und kann dazu nur sagen, daß ihr Ruf noch schlechter ist denn der meine.«

»Was ist das, ein Ruf, edler Fürst?« forschte unsere Heldin.

»Nenne mich Herzog«, erwiderte der Wolf. »Ein Ruf ist das, was die Leute von einem denken. Rufe gibt es in allen Größen, manche sind gut, manche sind schlecht oder sehr schlecht, wie zum Beispiel der meine. Wie dem auch sei, hier ist mein Plan, und er kommt von einem, der mehr Lebenserfahrung hat als du. Mit diesen meinen starken Armen werde ich deine Körbe tragen, doch nicht zum Bungalow deiner Oma, sondern zu meinem ganz privaten Schloß. Komm mit, ich lebe ganz allein und langweile mich, komm mit mir, und ich werde alle meine Geheimnisse mit dir teilen. Meine Keller bersten von Schätzen. Du wirst in Sammet schlafen und in Seide gehen. In meinen Schränken hängen die köstlichsten Brokatkleider, an Stangen aus echtem Gold. Zur Winterszeit werden dich Zobelpelze umhüllen. Meine Diener werden den Boden küssen, darauf du wandelst. Ich werde dich glücklich machen, du wirst mich glücklich machen, ganz wie im Märchen.«
Ein ernstes Schweigen entstand, und Rotkäppchen trat mißtrauisch drei Schritte zurück.
»Man hat mir erzählt, daß Wölfe gern kleine Kinder verspeisen. Ich traue Euch nicht so ganz, Herr Herzog... Ihr werdet mich doch nicht fressen, nicht wahr? Mit einem so großen Mund, wie Ihr ihn habt, könntet Ihr mich leicht auf einen Ruck und Schluck verschlingen, mit Knochen und Mantel und allem.«
»Unsinn, mein Kind, nichts als Verleumdung. Wölfe fressen nur häßliche Kinder, und auch diese nur auf besonderen Wunsch«, entgegnete die Bestie mit zuckersüßem Lächeln. »Nie im Leben würde ich so etwas tun, beim Barte meiner Frau Mutter, niemals!«
»Aber Eure Kiefer sind gewaltig groß und sehen zum Fürchten aus, und die riesigen Fangzähne dort, warum funkeln sie so?« fragte das Mädchen unerschrocken.
»Weil ich sie jeden Morgen mit Tripelpulver bürste.«
»Und Eure Zunge? Warum ist sie so rosig?«
»Weil ich mit Vorliebe Rosenknospen zu kauen pflege. Rosa und Rot sind meine Lieblingsfarben«, sagte der Wolf.

»Und warum habt Ihr –«
»Hör auf, so dumm zu fragen«, unterbrach der Wolf. »Wir müssen uns sputen, wenn wir meine fürstliche Wohnung noch vor Einbruch der Dunkelheit erreichen wollen. Außerdem sind Fragen schädlich für dein Glück. Komm«, sagte der Wolf, indem er die Körbe hob. »Komm, ich habe eine ganze Bibliothek voll spannender Bücher in meinem Schloß und eine Wucht von einem Swimming-pool in meinem tropischen Treibhaus.«
»Aber ich kann gar nicht schwimmen«, sagte Rotkäppchen. »Und was wird aus meinen Eltern und meiner bösen Großmutter?«
»Lies das Ende dieser Geschichte, und du wirst es wissen«, sagte der Wolf. »Wir schicken deinen Eltern eine Postkarte und werden sie zur Hochzeit einladen. Deine Großmutter ist alt genug, um für sich selber zu sorgen, und wenn du nicht schwimmen kannst, so lassen wir einfach das Wasser aus dem Swimming-pool ab.«
Und schon zogen sie los und lebten fortan herrlich und in Freuden. Sie feierten Hochzeit und bekamen alle möglichen Kinder, die ebenfalls fortan herrlich und in Freuden lebten.
Und die Großmutter? Allein und ohne Lebensmittel, schrumpfte und schrumpfte sie immer mehr zusammen, bis sie nur noch ein paar Zentimeter groß war. Zum letztenmal wurde sie gesehen, als sie in Gesellschaft einer Wanderratte eine fremde Speisekammer durchstöberte. Und winzig und hungrig, war sie immer noch so böse wie eh und je.

Ungerer, der unvorsichtigerweise (Seite 86) vorgibt, hiermit die echte Rotkäppchen-Version zu liefern, befindet sich trotz seines Irrtums auf dem richtigen Weg: Zum einen hat er den Lustgreis im Wolf erkannt, zum anderen die Leibeigenschaft des Rotkäppchens. Im Schrumpfenlassen der Großmutter deutet er sogar auf die von Wainbrasch erarbeitete und nun wirklich echte Urfassung, in der die Großmutter tatsächlich nicht vorkommt. Wie schon Hamann sagte: der Dichter als Seher, als Prophet. Meinen herzlichen Glückwunsch, Tomi Ungerer!

Nicht soviel Glück hatte ein anderer. Iring Fetschers modernistische psychoanalytisch-politische Rotkäppchen-Version ist voller Abgeschmacktheiten und Verfälschungen. Er greift hoch, aber die Trauben hängen noch höher. Um *seine* Pointe herauszuarbeiten, vergewaltigt er das Grimmsche Rotkäppchen an allen Ecken und Enden:[76]

Es war einmal ein kleiner rothaariger Junge, den nannten alle – daheim, im Dorf und in der Schule – das Rotschöpfchen. Weil aber Rothaarige in seinem Dorf sonst nicht vorkamen und die Menschen das Andersartige oft ohne jeden Grund ablehnen und verurteilen, hatte er keine Freunde und fühlte sich ausgestoßen.
Sein Vater, der mit den Schulleistungen des Sohnes unzufrieden war, fand nur harte Worte für ihn und hatte ihn schon mehrfach geschlagen. Zwar hatte die Mutter der jüngeren Schwester von Rotschöpfchen eine rote Kappe geschneidert und es »das Rotkäppchen« genannt, um auf diese Weise ihrem Sohn das Gefühl auffallender Besonderheit zu nehmen, aber das half nur wenig.
Wann immer es konnte, lief Rotschöpfchen allein in den Wald, um mit den Tieren zu spielen und zu träumen. So geschah es auch eines Tages, als es zu spät aufgestanden war und Angst hatte, noch zur Schule zu gehen. Sobald man es vom elterlichen Haus aus nicht mehr sehen konnte, schlich es sich beiseite in den Wald. Es geriet immer tiefer ins Dickicht, bis es an eine Stelle kam, wo es nicht mehr wußte, wie es weitergehen sollte. Dort begegnete ihm ein Wolf, sprach es freundlich an und schlug ihm vor, sie sollten gemeinsam schöne Walderdbeeren pflücken und dann werde er Rotschöpfchen auf den Heimweg führen.

76 Fetscher, a.a.O. Seiten 28 und 29. Fortschrittliche Volkskundler, so behauptet er, hätten dieses Märchenfragment zutage gefördert. – Erstens gibt es keine fortschrittlichen Volkskundler, zweitens ist das konfusiologische Ablenkung, denn die buchstäblich haarsträubende Geschichte ist – wie die Geranien bei den hessischen Wettbewerben »Unser Dorf soll schöner werden« – auf seinem eigenen Misthaufen erblüht. (Man entschuldige den blumigen Vergleich.)

So geschah es denn auch, und gegen Mittag hatten sie drei große Schilfkörbe mit frischen, roten Walderdbeeren gefüllt. »Weißt du was«, sagte der Wolf, »binde doch zwei Körbchen mit einem weichen Weidenzweig zusammen und hänge sie mir über den Rücken, dann brauchst du nur den einen Korb zu tragen, und wir kommen schneller nach Haus.«
Voller Freude machte sich Rotschöpfchen zusammen mit dem Wolf auf den Weg. Inzwischen hatte es die Schule, das Dorf und die Hänseleien seiner Mitschüler schon längst vergessen und malte sich in Gedanken aus, mit welchem Jubel es daheim begrüßt werden würde, da es doch so schöne Beeren mitbrachte. Auch der Wolf konnte sich nichts anderes vorstellen, als daß man ihn loben und ihm danken werde.
Es kam aber alles ganz anders. Rotschöpfchens Vater hatte inzwischen erfahren, daß sein Sohn nicht in der Schule gewesen war, und als er ihn vergnügt mit dem freundlichen Wolf an der Seite ankommen sah, packte ihn die Wut, und er schlug mit einem großen Knüppel dem Wolf auf die empfindliche Schnauze, so daß dieser sich – mit dem bekannten Heulen – schleunigst aus dem Staube machte.
Rotschöpfchen aber wurde zur Strafe verprügelt und eingesperrt und durfte am anderen Tage nicht zusammen mit Rotkäppchen die Großmutter besuchen, um ihr Geburtstagsgeschenke zu bringen. Hier beginnt das Märchen vom Rotkäppchen, wie es allgemein bekannt und von den Brüdern Grimm überliefert worden ist.

Es lohnt nicht, dieses wirre »Psychologisieren um des Effektes willen« zu erörtern, man lese einfach Fetschers Rotkäppchen-Verwirrung und lache sich, in Kenntnis der hier durch Professor Wainbrasch mitgeteilten Urfassung, halbtot.
Doch wie das beim Schrotschießen so ist, manchmal trifft man: Während der Graf im Käthchen Leben erweckt, tötet er sie zugleich. Fetscher hat trotz seiner Selbstverwirrung dumpf geahnt, daß eine Schwängerung in der Geschichte steckt: Auf den Seiten 30–32 spricht er von Gravidität, was lateinisch Schwangerschaft bedeutet, von gravis ›schwer‹,

wie die Steine im Bauch des Wolfes. Glücklicherweise kannte er aber die Urfassung nicht und konnte ihr somit keinen analytischen Schaden zufügen. Immerhin: Er gehört zu denjenigen, welche erkannt haben, daß die von den Gebrüdern Grimm aufgelesene Version groteske Verfälschungen aufweist.

Wie schon erwähnt, sind der Rotkäppchen-Variationen so viele, daß nur eine Auswahl geboten werden konnte. Die Begegnung zwischen Rotkäppchen und Wolf ist inzwischen zum literarischen Topos geworden. Die Geschichte vom Rodekopf-Käthchen und dem Grafen Wolf wurde, vor allem durch die Romantiker, aus Unkenntnis in eine graue Vorzeit gerückt, eingereiht in den alten Mythos vom Verschlingen bzw. Verschlungenwerden. Wie dem geschichtlichen Faust erging es später dem sogenannten Rotkäppchen: ausgeschlachtet und für den Kulturbetrieb verwurstet. Rotkäppchen-Dramen (Tieck, von Pozzi), ein Rotkäppchen-Chorwerk (Abt), Rotkäppchen-Lieder, zum Teil in völliger Verfremdung, etwa in der Liedpassage des Wieners Ludwig Hirsch:

»Und des Rotkäppchen, des kleine, des hat's auch net leicht,
es stürzt eine bei der Tür, im G'sicht ganz bleich,
Omama rat, wer mir im Wald begegnet ist?
Es war der große, böse Wolf, der ist ein Exhibitionist!«

Die Bandbreite reicht von buchstäblich läppischen Versuchen, wie dem »Rotläppchen« der Evelin di Bosco (eine Art Pfadfinder-Story, in der rote Stoffreste dem Jäger den Weg zum Tatort weisen) zu solch kühnen Würfen wie dem Rotkäppchen-Gedicht eines ungenannten hessischen Oberförsters:

»Kamst wie ein Reh in der Nacht,
Scheu, doch mit sicherem Schritt.
Die Luft schmeckte rein,
Das Licht war gut:
Eine Nacht für Eulen und Füchse.
Brandrotes Reh, eisgrauer Wolf
Tanzen die Hochzeit, die Käuze lachen.
Der Morgen blinkt, kühl weht der Wind:
Rotkäppchen hat den Wolf gefressen!«

Uns interessiert hier nicht, daß offensichtlich ein fast pensionsreifer (eisgrauer) Oberförster wohl von einem seiner »Kulturmädchen« (so heißen dort die Waldarbeiterinnen) verführt wurde: erstaunlich ist die – allerdings schon in Thurbers »Fabel« vorgegebene – Möglichkeit der Umkehrung. Warum sollte Rotkäppchen, ganz im Sinne der Frauenemanzipation, nicht mal den Wolf frühstücken?
Meine Absicht ist nicht, Rotkäppchen-Sammlern eine schwierige Aufgabe zu erleichtern. Mögen doch diejenigen, die an wissenschaftlichem und unwissenschaftlichem Sekundär-Geschreibsel ihre Freude haben, ihre roten Nasen in die einschlägigen Enzyklopädien stecken, vor allem aber in die Anthologie »Rotkäppchens Lust und Leid« des fleißigen Jack Zipes oder die »Geschichte vom Rotkäppchen« des fast ebenso tüchtigen Hans Ritz.

Vergleich der Urfassung mit der populären Rotkäppchen-Version

Da jene Grimmsche Fassung des Rotkäppchen-Märchens, trotz aller neuen Verwirrungsbemühungen gelangweilter Hochschullehrer, noch immer die von der Allgemeinheit akzeptierte Lesart ist, wollen wir ihre abweichenden Züge – mancher Märchenfreund wird schmerzlich so manches Liebgewordene entschwinden sehen – mit der Urgeschichte vergleichen.

	Wainbraschs Fassung	*Grimmsche Version*
Rotkäppchen	junges Mädchen	Kind
Graf	rüstiger Mann	Wolf
Großmutter		kranke, alte Frau
Mutter	lustige, aber sorgsame Witwe	sorgsame, sittsame Frau
Jäger	Leibjäger des Grafen, Freund der Witwe	rettender Engel, aber stümperhafter Waidmann
Arzt	ein Pfuscher	
Pfarrer	indirekt vorhanden	
Leute	Leibeigene (beim Begräbnis)	

Wie wir sehen: Rotkäppchen ist kein Kind mehr, die Großmutter ist weg, der Märchenwolf wird ersetzt durch einen Grafen. Die Urfassung hat stärkeren sozialen Hintergrund (Arzt, Pfarrer, Leute). Man könnte jetzt noch Perraults Fassung oder die Fetschersche Version etwa in das Schema einbringen, aber warum noch mehr verwirren[77]?
Verständlich – und für das Märchen von durchschlagender Wirkung – ist die Verwandlung des Grafen in einen Wolf. Dadurch wird die Geschichte geschickt verschlüsselt, gleichzeitig gewinnt sie an mythischem Hintergrund. Der Wolf frißt die Unschuld – das ist ein alter Topos. Erik Zimen bemerkt, der Wolf löse »wie kein anderes Tier in unserem Kulturkreis... gleichzeitig Angst und Schrecken wie Faszination und Bewunderung aus«[78]. Und speziell über unser Märchen urteilt der Märchen-Journalist Emanuel Eckardt:
»Nirgendwo wird die Angst vor dem unwirklichen Wolf so plastisch wie im Märchen von Rotkäppchen. Und es gibt wohl keine Fabel, über die Rudel von Wissenschaftlern so ungestüm hergefallen sind, um sie zu analysieren. Wir haben begriffen, daß wir unseren Eltern gehorchen müssen und daß der Wald etwas Düsteres ist, in dem Gefahren lauern. Aber wir haben uns nicht träumen lassen, daß Rotkäppchens rotes Käppchen sexuelle Verfügbarkeit symbolisiert, daß hier der Widerspruch zwischen Realitätsprinzip, dem vorgezeichneten Weg in Großmutters Spuren nämlich, und dem Lustprinzip, dem Abweichen von der Norm sichtbar wird. Wer den vorgeschriebenen Weg verläßt, um Blumen zu pflücken, wird gefressen.
Das Märchen vom Rotkäppchen ist das Credo der Lustfeindlichkeit. Es bringt, nach der Analyse des Psychologen Bruno Bettelheim, jene Gefühle von Erregung und tiefer Angst zum Ausdruck, die sich für ein junges Mädchen mit

77 Soviel am Rande: Wie konnte Iring Fetscher nur darauf verfallen, psychoanalytisch den Wolf mit der Großmutter gleichzusetzen und übrigens auch den Jäger mit dem Vater? Aus Rotkäppchen macht er einen Jungen mit rotem Schopf, gibt ihm dann aber eine Schwester, ebenfalls mit roter Kappe. Ich möchte Fetscher nicht weiter kritisieren.

78 Erik Zimen (Der Wolf, München 1978) nach dem Sternbericht »Die letzten Heuler« von Emanuel Eckardt, in Stern 3/1979, Seite 36.

dem Sexualakt verbinden: Der große Wolf hat es zum Fressen gern. Der Wolf ist der Mann in uns, der alles verschlingende. Er will sogar, sagt der Psychoanalytiker Erich Fromm, die weibliche Rolle usurpieren, indem er sich, die Haube auf dem Kopf und ein Lebewesen unter dem Herzen tragend, ins Bett legt.«[79]

Das ist einleuchtend analysiert, nur kannten beide natürlich nicht die wahre Geschichte, die um so frappierender ist, als im dämonischen Wolfsmenschen des Märchens wirklich ein Mensch, Wolff Helmhardt von Staufenberg, steckt. Im Sternbericht »Die letzten Heuler« heißt es an anderer Stelle: »Der Wolf schlich durch die Zeit, er schlüpfte französischen Jungfrauen unter die Krioline. ›Sie hat den Wolf gesehen‹, sagte man im Reich des Sonnenkönigs, wenn ein Mädchen seine Unschuld verlor.«[80] Nicht nur die französische Jungfrau, auch das deutsche Käthchen hat den Wolf gesehen, den von Staufenberg nämlich.
Vergleicht man nun die in den Fassungen erwähnten Gegenstände, so fehlt in der Urgeschichte die rote Kappe, weil es sie nie gegeben hat. Da durch ein Namens-Mißverständnis, oder durch bewußte Manipulation, aus dem Rodekopf-Käthchen volksetymologisch ein Rotkäppchen wurde, brauchen wir uns hier über Sexualsymbole kaum zu unterhalten. **Was man in Geschichten hineindichtet, bekommt man oftmals nicht mehr heraus.** – In beiden Fassungen gibt es eine Flasche Wein, im Märchen zur Erquickung der (kranken) Großmutter, in der wahren Geschichte zum Liebesmahl bestimmt. Wer die Größe damaliger Weinflaschen kennt, wird bezweifeln, daß die Großmutter am Ende des Märchens nüchtern geblieben sei[81].

79 a.a.O., Seite 36, wiederum nach Bruno Bettelheim (und Erich Fromm), wie überhaupt die Sternberichte der Märchen-Journalisten sich gleichen.

80 a.a.O., Seite 36. Das trifft sich mit der Seite 58 (und Anmerkung 62) erwähnten Bemerkung Racines und meint das Sozialverhalten französischer Männer.

81 In den Illustrationen zu der von mir benutzten Perrault-Ausgabe ist fälschlich ein Krug – keine Flasche – abgebildet, interessanterweise in der Art des sogenannten Dreihäuser Geschirrs (vgl. Abbildung Seite 50). Hieran sollte man keine Spekulationen knüpfen, zumal

Schauen wir genauer auf die Szenerie und vergleichen:

	Wainbraschs Fassung	*Grimmsche Version*
Naturszenerie/ Tiere u. Pflanzen	Heilkräuter, Salomonssiegel, Vögel, Bächlein, Eichen, Nußhecken, Wald	Blumen und Vögel, drei Eichen, Nußhecken, Wald
Haus der Mutter	am Rodekopf bei Rodenhausen, auf dem Heienberg	»in einem Dorf«
Haus der Großmutter		im Wald unter den drei Eichen, bei den Nußhecken, ½ Stunde vom Dorf
Haus des Jägers	am Waldrand des Heienbergwaldes	
Begegnung Mädchen/Wolf	unter den Eichen, bei den Nußhecken	im Wald, ¼ Stunde vom Haus der Großmutter
Friedhof	indirekt erschließbar (Begräbnis)	

Die Angaben der Urfassung sind insgesamt exakter, doch fällt im Gegensatz dazu auf, daß der Ort des (verschwiegenen) Stelldicheins nicht näher bezeichnet und, diesmal mit genauen Hinweisen versehen, in der Grimmschen Version durch das Haus der Großmutter ersetzt wird. Die Vertiefung unter den Eichen, wo Wolff von Staufenberg und Käthchen sich trafen, wird von einer harmlosen Hauskonstruktion, dem Großmutterhaus, überdeckt. Besser konnte man den Ort dieser »Unmoralität« gar nicht verändern[82].

Gefäße dieser Art der Aufbewahrung von Milch dienten, und Milch wurde weder in der Ur- noch in der Grimm-Fassung getrunken. Hier irrt Perrault, und die Gebrüder haben recht.

82 So wurden früher die heidnischen Heiligtümer durch Gründung christlicher Kirchen getilgt. Statt die Kirche neben dem alten Treffpunkt der heidnischen Hessen zu bauen, schlug Bonifazius (der diesmal nichts Gutes tat und als der erste Baumschänder in die altdeutsche Geschichte eingeht) die Donareiche in Stücke und errichtete an ebenderselben Stelle den Dom zu Fritzlar. – Oder: der Name des heidnischen Gerichtsbezirks *werp-loh* (*werp* ›erhöhte Thingstätte‹, *loh* ›Waldstück‹) wurde lehnübersetzt in *Kirchhain*. – Dieses Prinzip der »Replazierung« wird sowohl im Grimmschen Märchen wie bei der heutigen hessischen Raumplanung sichtbar.

Die Präzision der Entfernungsangaben im Märchen verwundert. Jetzt, da die Spuren verwischt waren, konnte man es sich ruhig erlauben, genauere Information zu liefern. In der Tat aber ist es, wie bei den Grimms angegeben, vom Dorf Rodehausen bis zu den Eichen exakt eine halbe Stunde Weges. Solche Relikte wahrer Verhältnisse in ansonsten getarnten Fassungen ermöglichten es dem Märchenforscher Hans Traxler, durch genaue Befolgung der Entfernungs- und Richtungsangaben methodisch brillant die Lokalitäten der Urfassung von »Hänsel und Gretel« zu entdecken. Sollten etwa bei der konfusiologischen Verwirrung auch *gute* Geister am Werk sein und durch hermeneutisches Verstecken informatorischer Ostereier die spätere Dechiffrierung ermöglichen?

Doch es gilt die narrativische Regel: **Urgeschichten sind immer genauer als ihre späteren Varianten.** Man vergleiche die Zeitangaben. Während das Märchen sich mit einem unbestimmten »Es war einmal...« herausredet, heißt es in der durch Professor Wainbrasch erschlossenen Erstfassung, nach dem Zeugnis des gefundenen Dokumentes, das Begräbnis sei am Silvestertag des Jahres 1544 gewesen.

Nicht alles kann aufgeklärt werden. Drei große Eichbäume sind im Rotkäppchenmärchen ausdrücklich genannt. Nur deren zwei aber lassen sich am Waldrand des Heienberges auffinden, keine Spur eines Stumpfes nahebei, so sehr man zur Ausformung einer komfortablen »Delle« drei Eichen gewünscht hätte. Märchen bevorzugen, wie wir wissen, die magische Zahl drei, außerdem ist es immer viel leichter, noch einen Baum hinzuzulügen[83], als ihn mühsam abzuschlagen. Vielleicht bringt die dort geplante Autobahntrasse neue Aufschlüsse, denn Professor Wainbrasch irrt, wenn er glaubt, Straßentrassen dienten allezeit nur dem Zudecken alter Geschichten. Manchmal bringen sie die Wahrheit – wenn auch nur kurzfristig – ans Licht.

Das Alter der Bäume entspricht den Angaben beider Versio-

83 Professor Rolfs vom Forstgeschichtlichen Institut der Universität Göttingen hat eine Anregung meines Freundes Wainbrasch aufgegriffen und untersucht die Möglichkeit der Waldvermehrung durch Hinzudichten. In Zeiten der Holznot bedeutet solch elegante Vermehrungstechnik eine willkommene Bereicherung.

nen. Heute etwa 800 Jahre alt[84], müssen sie zum Zeitpunkt des Picknicks mit 350 Jahren bereits stattliche Eichen gewesen sein. Es erfüllt mit Befriedigung, wenn die Varianten Gemeinsamkeiten aufweisen, belegt das doch erst, logisch gedacht, das Zusammengehören zweier ansonsten auseinandererzählter Geschichten. Auch Nußhecken sind in beiden Fassungen zu finden, selbst heute haben sich drei oder vier Haselnußstauden am Heienberg erhalten. Die letzte geschlossene Nußhecke wurde von besagtem Angelverein in mühevoller Sonntagsarbeit gerodet.
Was die in beiden Lesarten erwähnten Blumen und Vögel betrifft: ihre Artenzahl ist naturgemäß rapide zurückgegangen. Deshalb besteht heute wenig Gelegenheit zu Verführung und Blumensuchen. Die abfallende Geburtenzahl dieses Landes spricht eine deutliche Sprache[85].

Die Poesie der Urfassung

Es ist keineswegs so, daß nur das Märchen die Poesie gepachtet hätte. Auch wahre Geschichten haben ihren Reiz. Gerade die Urfassung enthält wunderschöne poetische Momente, die leider oft aus moralischen Gründen unterdrückt werden mußten. Nirgends finden wir die Poesie mit der Holzhammermethode eingetrieben, wie so häufig in modernen Romanen. Es läßt sich manches aus zarten Andeutungen erahnen.
Der treffsichere Jäger und die lebensfrohe Witwe werden niemals in groben Zusammenhang gebracht – aber gemeinsam freuen sie sich später über die großzügige Entschädi-

84 Sobald die Autobahntrasse geschoben ist, sollte eine genaue Jahrringzählung endgültigen Aufschluß geben.

85 Was läge näher, als durch Vermehrung der Blumen und Vögel – was soll der Anreiz durch schnöden Mammon – junge Leute wieder zur Kinderfreundlichkeit anzuregen? Seit kurzem bietet Gärtner Porsche in seinen Katalogen Wildkräutersamen an, und das Wanderfalkenvermehrungsprogramm des Ordens Deutscher Falkoniere läßt hoffen: Immer häufiger sieht man diese stolzen Vögel auf den Überlandleitungen sitzen oder über den warmen Aufwinden der Atomkraftwerke ihre Kreise ziehen.

gung durch den Grafen. Bei aller Trauer zum Schluß doch eine versöhnliche Note! – Dies nur am Rande, denn in der poetischen Mitte steht das Stelldichein zwischen Wolf und Käthchen.
An einem lauen Aprilabend, so wird zart angedeutet, strebt das arme, aber schöne Mädchen an den Nußhecken vorbei den Eichen zu. Im Korb sind selbstgebackener Kuchen und eine Flasche besten Weines: Wem wässerte nicht schon da der Mund! Unter den mächtigen Eichbäumen, deren Wurzeln eine gemütliche und geschützte Vertiefung bilden, wartet sogar noch etwas Besseres: der gutaussehende, hochgewachsene, rüstige Graf. Was sich dort abspielte, welcher Austausch der Gefühle unter dem buschigen Eichendach stattfand, kann man aus heutiger Sicht nur erahnen[86]. Am besten lassen wir einen Dichter sprechen, der vielleicht unmittelbarer mit der Szenerie verbunden ist als wir bisher vermuteten[87].

WALTHER VON DER VOGELWEIDE

»Under der linden
an der heide,
dâ unſer zweier bette was,
Dâ mugt ir vinden
ſchône beide
gebrochen bluomen unde gras.
Vor dem walde in einem tal,
tandaradei,
ſchône ſanc diu nahtegal.

86 Natürlich sind die Folgen – bei dem damaligen Kenntnisstand über Konzeptionsverhütung – katastrophal. Aber wer denkt bei solchen Gelegenheiten schon daran?

87 Wenn man einer Mitteilung der schon erwähnten Bettina Grimm (Nachfahrin der Gebrüder, zugleich im Vornamen an deren Freundin erinnernd und daher hier »die neue Bettina« genannt) Glauben schenken will, so ist (vgl. Seite 31) unser Minnesänger identisch mit dem Stammvater der Staufenberger, dem sagenhaften Walther. Er könnte dieses Gedicht an ebenderselben Stelle unter ganz ähnlichen Umständen im Stile der »ebenen Minne« erlebt haben. Die dort bereits stehenden Eichen dürfte er, im Sinne konfusiologischer Verschleierung, zu Linden umfunktioniert haben, nicht zuletzt wegen des Reimes.

Ich kam gegangen
zuo der ouwe:
dô was mîn friedel komen ê.
Dâ wart ich enpfangen,
hêre frouwe,
daz ich bin sælic iemer mê.
Kuste er mich? wol tûsentstunt:
tandaradei,
seht wie rôt mir ist der munt.

Dô het er gemachet
alsô rîche
von bluomen eine bettestat.
Des wirt noch gelachet
inneclîche,
kumt iemen an daz selbe pfat.
Bî den rôsen er wol mac,
tandaradei,
merken wâ mirz houbet lac.

Daz er bî mir læge,
wessez iemen
(nu enwelle got!), sô schamt ich mich.
Wes er mit mir pflæge,
niemer niemen
bevinde daz wan er und ich –
Und ein kleinez vogellîn,
tandaradei,
daz mac wol getriuwe sîn.«

Als Höhepunkt und Abschluß dieser schönen Handlung rollte die leere Flasche dann in den Graben, wo sie, über 400 Jahre später, vom Dackel Fidus benäßt wurde.
Auch an Dramatik läßt die Originalgeschichte vom Rodekopf-Käthchen nichts vermissen. Unaufhaltsam wächst – in Käthchens Leib nämlich – das Unheil, bis in der Katastrophe einer Frühgeburt, kurz vor Weihnachten des Jahres 1544, Professor Duesings Zange den Tod des unschuldig-schuldigen Mädchens verursacht[88]. Auch den kleinen Döll, den in der Delle gezeugten illegitimen Sohn des verzweifelten Grafen, kann der Arzt nicht mehr retten. Das Kind stirbt nach wenigen Tagen.
Wie es aber in realen Geschichten üblich ist, folgt auf die tiefe Trauer des Doppelbegräbnisses ein versöhnliches Ende in der Freude über die vom Grafen bewilligte »Versicherungssumme«. Das Leben geht weiter, auch das ist ein gemeinsamer Schluß beider Fassungen, der originalen wie der Märchenversion.

88 Man vergleiche hingegen den zeitlichen Ablauf dieses Vorgangs in der Grimmschen Fassung: Hier wird zwischen dem Verschlingen (libidinöser Akt, so ahnungsvoll Fetscher, a.a.O. Seite 31/32) und dem Bauchaufschneiden (Fetschers »Gravidität« als Geburtsvorgang, a.a.O. Seiten 30–32) noch nicht einmal Zeit zur Verdauung gelassen!

Es wäre jedoch verfehlt, unser Vergnügen an Poesie und Dramatik wahrer Geschichten so sehr auf die harmonisierende Spitze zu treiben, daß der Sinn für den sozialen Hintergrund und das eigentliche Anliegen der Urfassung verlorengeht. Immerhin wird eine massive Anklage erhoben, die den Zeugen und Zeitgenossen der realen Begebenheit nicht verborgen bleiben konnte: Ein mächtiger Feudalherr verführt ein leibeigenes Mädchen (das er, zugegebenermaßen, liebt) und bringt es ins Unglück. Seine Reue über die Folgen reagiert er mit einem großzügigen Geschenk an die Mutter und deren Freund, seinen Leibjäger, ab. Er selbst bleibt dem Begräbnis fern.
Die Bewohner der Dörfer Rodenhausen, Weidenbach und Rabenstein waren Leibeigene, mußten Frondienste und allerlei Handlangereien für die Staufenberger leisten, wie Johann Georg Estor anschaulich beschreibt:[89]

Die Stauffenbergisch Eigener/oder Leuthe in dem Eigen/nemlich die Hintersassen in denen 3. Dörffern zu Rodthaussen/Weytenbach und Ravensteyn/seyn gehalten zu ungemessen fahrend- gehend- tragenden und Jagd-Diensten und Jagd-Atzungen. Also müssen diese so genandte Laener/oder Eigener/derer bemerckten 3. Dorffschafften/vermöge Cantzley-Bescheids zu Marburg/von dem Jahr 1662/die Bau-Dienste leisten... Ingleichen weisset sie ein anderer Bescheid/belobter Regierung zu Marburg/vom Jahr 1664/zu Fahrung derer Brau-Bütten... und zu denen Holtzfuhren... an/wie auch zu Mach- und Fahrung des Brennholtzes.../so dann zu Tragung derer Brieffe nach Treysa/Ebsdorff und sonstige Orte...
Übrigens ist noch zu mercken/daß in dem Eigen/ausser dem gewöhnlichen Zehenden/noch eine Art Pfacht oder Zehenden/so der Meddum genennet wird/gebraeuchlich seye. Dieser Meddum stehet auf denen Aeckern/und bedeutet/daß der Acker/nebst dem Zehnden/die 3te oder 4te Garbe geben muesse.

89 Kleine Schriften, Seiten 73ff.; das Wort *Meddum* zu Ende der zusammengeschriebenen Beschreibung bedeutet einen zusätzlichen Zins in Naturalien. Das veraltete Dialektwort stellt sich zu *Miete*, althochdeutsch *meta*, *mieta*, *miata*, angelsächsisch *meed* ›Lohn‹. (Der gewissenhafte Herausgeber.)

Voraussetzung für eine echte Geschichte ist, daß ihre Begebenheiten typisch sind: Ort und Zeit müssen für das Geschehen reif sein. Das gilt für die von Fidus aufgespürte in hohem Maße – sie ist »angemessen«, sie paßt zur gerodeten Ortschaft und der hier vererbten »Leibeigenschaft«, die das Rodekopf-Käthchen bitter erfahren mußte. Es gilt die narrativische Regel: **Eine Geschichte entfaltet sich zur rechten Zeit am rechten Ort.**

Jene Zustände der Leibeigenschaft dauerten an, bis ins 19. Jahrhundert, und wurden dann sogleich durch die Lohnsklaverei abgelöst, diese hinwiederum durch die moderne Abhängigkeit von Institutionen, Behörden und materiellen Gütern, so daß die Nachfahren jener hessischen Bauern keine Ursache haben, sich über die früheren Verhältnisse aufzuregen.

Die Not der hessischen Bevölkerung zu der Zeit, als die Gebrüder Grimm ihre – für die Verschleierung der Mißstände so bedeutsamen – Märchen sammelten und herausgaben, wird in Form eines Aufrufes zum Umsturz, von Georg Büchner, geschildert.[90] (Siehe folgende Seite.)

Den heutigen Bewohnern dieser einst idyllischen Landschaft sind jene sozialen Zustände nicht mehr in Erinnerung. Auch die hier vorgelegte Originalgeschichte, die Urfassung des bekannten Märchens vom Rotkäppchen, wäre verloren, hätte nicht ein mit historischem Spürsinn begabter Dackel (Fidus) seinen Herrn, den scharfsinnigen, wenn auch durch langes Beamtendasein leicht vertrottelten Professor Wainbrasch zur Aufdeckung und Dokumentation gezwungen. Niemand sonst hatte – abgesehen von legendären Gerüch-

90 Anonym (Georg Büchner, in Zusammenarbeit mit Friedrich Ludwig Weidig u.a.) 1834. Die Verschwörer beabsichtigten den Sturz der Regierung und eine menschenwürdige Verfassung. Sie trafen sich öfters heimlich im geographischen Umkreis unserer »Sozialgeschichte«. (Die zweite Auflage des Flugblattes wurde z.B. in der Elwertschen Druckerei in Marburg geheim hergestellt.) Georg Büchner mußte nach Aufdeckung der Urheberschaft fliehen, Weidig starb im Gefängnis. Einzelheiten wurden vom Büchnerspezialisten Thomas Mayer erforscht und von Eckhart G. Franz bekanntgegeben. (Siehe Georg Büchner/Friedrich Ludwig Weidig, Der hessische Landbote. 1834. Neudruck beider Ausgaben mit einem Nachwort von Eckhart G. Franz. Marburg: N.G. Elwert Verlag 1973.)

Der Hessische Landbote.

Erste Botschaft.

Darmstadt, im Juli 1834.

Vorbericht.

Dieses Blatt soll dem hessischen Lande die Wahrheit melden, aber wer die Wahrheit sagt, wird gehenkt, ja sogar der, welcher die Wahrheit liest, wird durch meineidige Richter vielleicht ge[illegible]aft. Darum haben die, welchen dies Blatt zukommt, folgendes zu beobachten:

1) Sie müssen das Blatt sorgfältig außerhalb ihres Hauses vorder Polizei verwahren;
2) sie dürfen es nur an treue Freunde mittheilen;
3) denen, welchen sie nicht trauen, wie sich selbst, dürfen sie es nur heimlich hinlegen;
4) würde das Blatt dennoch bei Einem gefunden, der es gelesen hat, so muß er gestehen, daß er es eben dem Kreisrath habe bringen wollen;
5) wer das Blatt nicht gelesen hat, wenn man es bei ihm fin- det, der ist natürlich ohne Schuld.

Friede den Hütten! Krieg den Pallästen!

Im Jahr 1834 siehet es aus, als würde die Bibel Lügen gestraft. Es sicht aus, als hätte Gott die Bauern und Handwerker am 5ten Tage, und die Fürsten und Vornehmen am 6ten gemacht, und als hätte der Herr zu diesen gesagt: Herrschet über alles Gethier, das auf Erden kriecht, und hätte die Bauern und Bürger zum Gewürm gezählt. Das Leben der Vornehmen ist ein langer Sonntag, sie wohnen in schönen Häusern, sie tragen zierliche Kleider, sie haben feiste Gesichter und reden eine eigne Sprache; das Volk aber liegt vor ihnen wie Dünger auf dem Acker. Der Bauer geht hinter dem Pflug, der Vornehme aber geht hinter ihm und dem Pflug und treibt ihm mit den Ochsen am Pflug, er nimmt das Korn und läßt ihm die Stoppeln. Das Leben des Bauern ist ein langer Werktag; Fremde verzehren seine Aecker vor seinen Augen, sein Leib ist eine Schwiele, sein Schweiß ist das Salz auf dem Tische des Vornehmen.

Im Großherzogthum Hessen sind 718,373 Einwohner, die geben an den Staat jährlich an 6,363,364 Gulden, als

1) Direkte Steuern	2,128,131	fl.
2) Indirecte Steuern	2,478,264	„
3) Domänen	1,547,394	„
4) Regalien	46,938	„
5) Geldstrafen	98,511	„
6) Verschiedene Quellen	64,198	„
	6,363,363	fl.

Dies Geld ist der Blutzehnte, der von dem Leib des Volkes genommen wird. An 700,000 Menschen schwitzen, stöhnen und hungern dafür. Im Namen des Staates wird es erpreßt, die Presser berufen sich auf die Regierung und die Regierung sagt, das sey nöthig die Ordnung im Staat zu erhalten.

ten, die dem Forscher zu Ohren gekommen waren – eine irgendwie auch nur ähnliche Geschichte vernommen. Lediglich in den Ortsnamen, die ja Altes noch lange bewahren, ist die Begebenheit versteckt.[91] Der Name des Heienberges hat den früheren Lokalnamen »Rodekopf« überdeckt, somit wurde die Verballhornung zum »Rotkäppchen« ermöglicht. Im Namen des Ortsteiles Rodenhausen ist die Anspielung auf die Rodungslandschaft noch erhalten. Gegenüber liegt Wolfsberg[92], das später dem Grafen Wolf als alleiniges Erbe zufiel und im Namen dessen Angedenken bewahrt.[93]
Zweifellos gilt: **Eine Geschichte ist immer nur zu einer Zeit und an einem Ort wahr.** Bei der hier vorgelegten handelt es sich tatsächlich um die Urfassung des Rotkäppchenmärchens.

91 So mußte die hessische Gemeindereform versuchen, auch diese Relikte alter Wahrheiten und Zusammengehörigkeiten auszuradieren. Neue Gemeindenamen, z.B. Lahntal, Ebsdorfergrund etc. sollen »replazierend« wirken. Von manchen Ortsteilen hört man, daß sie diese Veränderungen nur murrend hinnehmen.

92 Im Jahre 1565 als Wolffspergk in einem Lehnsbrief erwähnt. Siehe Georg Lennep, Codex Probationum... Abhandlung von der Leyhe zu Landsiedel-Recht. Marburg 1768, Seite 159/160.

93 Um die in den Namen Rodehausen und Wolfsberg enthaltene semantische Rückerinnerung auf jene von Professor Wainbrasch aufgedeckte Begebenheit zu stören, versucht die zuständige hessische Planungsbehörde zur Zeit, eine ansonsten nicht motivierbare Fernstraßentrasse als trennendes Element zwischen die Ortschaften zu schieben. Alte Erinnerungen kann man auch durch erhöhten Lärmpegel zum Schweigen bringen.

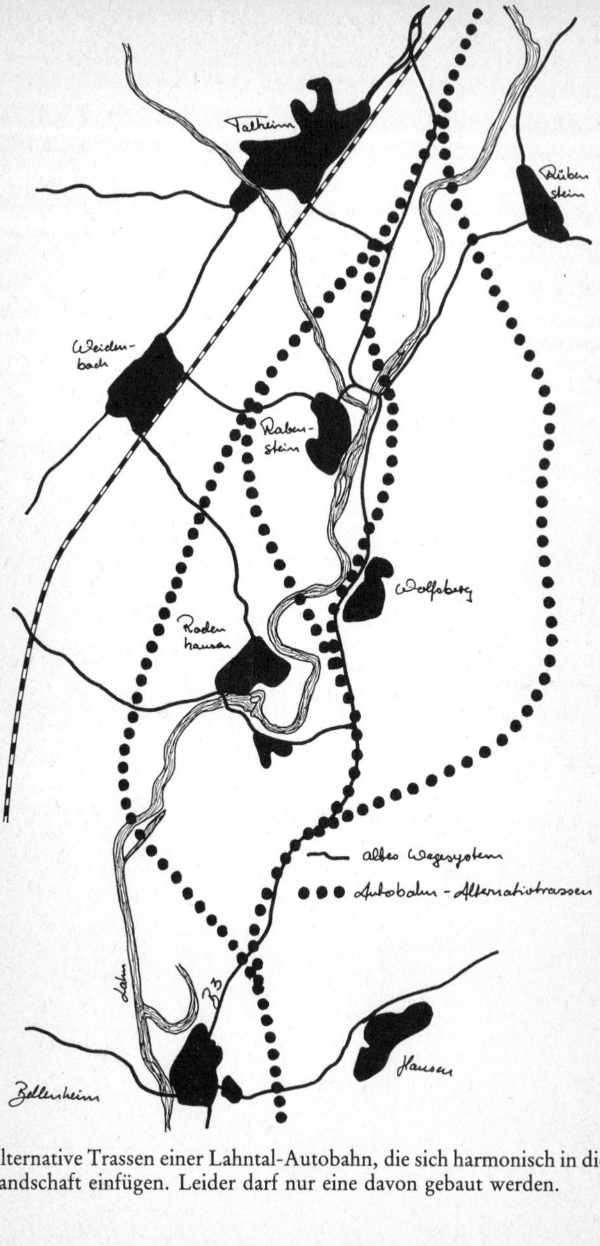

Alternative Trassen einer Lahntal-Autobahn, die sich harmonisch in die Landschaft einfügen. Leider darf nur eine davon gebaut werden.

Anhang

Glossar narrativischer Termini

Latinisierter Teil

konfus	verwirrt
Konfusion	Verwirrung. Gegenteil: Dekonfusion
Konfusiologe	Forscher, der verwirrt. Gegenteil: Dekonfusiologe
Konfusiologie	Verwirrung durch wissenschaftliche Methoden
konfusiologisch	mit wissenschaftlichen Methoden verwirrend Gegenteil: dekonfusiologisch
narrativ	erzählerisch
Narrativik	Wissenschaft von den Erzählstrukturen, Erzählforschung
narrativisch	Erzählstrukturen aufdeckend
narrativistisch	mit Tendenz erzählend
Narration	Erzählung
Narrator	Erzähler

Deutscher Teil

entwirrend	dekonfusiologisch
Erzähler	Narrator
Entwirrer	Dekonfusiologe
erzählerisch	narrativ
Erzählforscher	einer, der Erzählstrukturen aufdeckt
Erzählforschung	heute Narrativik genannt
Irrer	Erzähler, der sich irrt
Verwirrbuch	konfusiologisches Produkt
verwirrend	a) konfus b) absichtlich oder unabsichtlich konfusionierend
Verwirrforschung	entdeckt die Methoden der Konfusiologie
Verwirrer	Erzähler, der andere absichtlich oder unabsichtlich zu Irrern (siehe dort) macht

erzählen	Althochdeutsch *zęllan*, Angelsächsisch *tellan*, erzählen, berichten.
irre	Gotisch *aírzeis*, irre, verführt, zur indogermanischen Wurzel **ers* (z.B. lateinisch *errare*, irren).
wirr:	Althochdeutsch *(fir)wërran*, verwickeln, durcheinanderbringen, zur idg. Wurzel **u̯ers-* (z.B. *Wurst*, Gemengsel).
konfus	Zu lat. *confundo* 1) zusammenfließen, 2) vermischen, vereinigen, 3) verwirren, entstellen; *confusus*, verwirrt, verstört.
narrativ	Zu neuhochdeutsch *Narr*, althochdeutsch *narro*, aus spätlateinisch *nārio*, Verrückter; lat. *narratio*, Narrengeschichte und *narrō*, wirr erzählen.

Alle Angaben aus dem überaus zuverlässigen Etymologischen Wörterbuch von Kluge-Mitzka, 19. Auflage, Berlin 1963.

Kurzbiographien

Fidus

Geboren wurde er am 1. Juli 1967 im Zwinger »Vom Geldebachtal«. Fünf Brüder, fünf Schwestern. Mit drei Wochen entwurmt, mit drei Monaten gegen Tetanus, Staupe, Leberseuche und Tollwut vierfach geimpft. Zahnwechsel mit fünf Monaten. Spurlautprüfung am 1. April 1968 (bestanden), Schärfeprüfung am 17. Dezember des gleichen Jahres (nicht bestanden). Erschwerte Schweißprüfung am Hoherodskopf, 25. September 1970, mit dem I. Preis und Höchstpunktzahl bestanden. Seit 1979 durch Teckellähme und Blasenentzündung im Gnadenbrot, hauchte er mit 13 Jahren seine Dackelseele aus. Hobby: Heimatgeschichtsschnüffelei.

Der Herausgeber

ist Professor der dekonfusiologischen Narrativik und der narrativischen Dekonfusiologie an einer neugegründeten hessischen Gesamthochschule, deren Namen er, wegen der personellen Probleme an besagter Institution, nicht nennen möchte. Desgleichen möchte er, um mit dem Kultusminister nicht in Schwierigkeiten zu kommen, seinen Lebenslauf verschweigen und, um Kontroversen mit Fachkollegen aus dem Wege zu gehen, sein Schriftenverzeichnis nicht belegen.
Er versichert hiermit, keinerlei Dienstzeit, sondern lediglich einen Klinikaufenthalt zur Abfassung der vorliegenden Dokumentation in Anspruch genommen zu haben, ferner, eine bezahlte Nebentätigkeit nicht auszuüben.

Karl Krohn

Seine Vorgeschichte ist der Gemeinde, der er seit Jahren dient, nicht bekannt. Die Zahl seiner Projekte und Aktivitäten ist beispielhaft. Die von ihm verwalteten Orts- und Landschaften sind seitdem nicht wiederzuerkennen. Grillfeste, Freibiere und Bauheben dienen seiner Ernährung. Träger vieler Ehrungen, darunter »Pensionsberechtigter des Landes Hessen«.

Der Verleger

...

Kurt Wainbrasch

Professor Kurt Wainbrasch wurde am 12. November 1931 im Burgwald geboren, mußte aber sogleich wegen eines Schreibruchs mehrere Wochen im Marburger Kreiskrankenhaus verbringen. Studium der Biologie in Marburg, wo er seine Dissertation den Pflanzengesellschaften der Verlandungszonen verschiedener Altarme widmete. Da diese Biotope alle verschwunden sind, können die Ergebnisse der Arbeit nicht mehr nachgeprüft werden. – Durch die hessische Hochschulreform 1972 zum Professor erhoben, ist er leider ohne auswärtige Berufung und daher an der Universität verblieben. Bis zur vorzeitigen Pensionierung Gründer und Mitglied mehrerer erfolgloser Bürgeraktionen. Inzwischen anerkannter Heimatforscher, insbesondere für den Bereich seiner Großgemeinde. Viele Artikel und Leserbriefe in verschiedenen Lokalzeitungen des Marburger Raumes. Wegen vorzeitiger Vergreisung bereits im gemeindeeigenen Altersheim.

Das letzte Wort des Verlegers

Der Herausgeber beschwerte sich an früherer Stelle, ihm seien Kurzbiographien »zugespielt« worden, für die er nicht die Verantwortung trage (Anmerkung 22). Abgesprochen war: entweder Kurzbiographien für *alle* Beteiligten (einschließlich des Dackels Fidus) oder gar keine. Wie sehr der Herausgeber *seiner* Verantwortung nachgekommen ist, lese man vorstehend selbst nach. – Allerdings kann die aus seiner »Kurzbiographie« ersichtliche Hasenfüßigkeit erklärt werden mit der Wirkung eines gewissen Medikamentes, das der im Vorwort erwähnte hessische Traumatologe zur Heilung des linken Herausgeberbeines verschrieben hatte. Ich zitiere aus der Gebrauchsinformation dieses gegen Wasserstau angewendeten Mittels die Angaben über Nebenwirkungen:

Während einer Langzeitbehandlung können als Anzeichen eines erhöhten oder erniedrigten Kaliumbestandes Unregelmäßigkeiten des Pulses sowie Müdigkeit und Muskelschwäche in den Beinen vorkommen. Deshalb sollten Kalium und Natrium sowie die harnpflichtigen stickstoffhaltigen Substanzen regelmäßig kontrolliert werden. Diese Laborkontrollen sind auch Voraussetzung für eine Dauertherapie. Falls Sie zuckerkrank sind oder an Gicht leiden, sollte während der Behandlung Ihr Kohlenhydrat- bzw. Harnsäurestoffwechsel öfter kontrolliert werden. Bei Mann und Frau kann es zu gesteigerter Berührungsempfindlichkeit der Brustwarzen und Brustschwellungen sowie in seltenen Fällen zu Stimmveränderungen in Form von Heiserkeit, Vertiefung (bei Frauen) oder Erhöhung (bei Männern) der Stimmlage kommen. Diese Nebenwirkungen gehen bei manchen Patienten auch nach Absetzen des Präparates nicht zurück. Deshalb ist mit dem Arzt die therapeutische Notwendigkeit gegenüber dem Risiko abzuwägen; insbesondere bei Berufen, bei denen die Stimme eine besondere Bedeutung hat (z.B. Theater-, Lehrberufe).
Bei der Frau können gelegentlich Regelstörungen und eine verstärkte Gesichts- und Körperbehaarung, beim Mann Potenzstörungen vorkommen. Hautausschläge und Magen-Darm-Unverträglichkeit sind möglich. Sollten diese oder andere Beschwerden auftreten, so unterrichten Sie Ihren Arzt.

Alle diese Nebenwirkungen sind beim Herausgeber voll eingetreten und gehen leider nicht mehr zurück. Daher wohl die (glücklicherweise erst nach Beendigung des Buchtextes) eingetretene Persönlichkeitsänderung. Wie man sieht, hat der Verleger – ein Autor mag schreiben was er will – immer das letzte Wort.

Abbildungsverzeichnis

Quellenverzeichnis

Seite 27ff.: D. Johann Georg Estors auserlesene kleine Schriften. Erster Band. Zweite Ausgabe. Gießen, bey Johann Philip Krieger, 1744. Seiten 22–28.

Seite 43ff.: Die Kinder- und Hausmärchen der Gebrüder Grimm. In ihrer Urgestalt herausgegeben von Friedrich Panzer. Erster Teil Hamburg-Bergedorf 1948. Seiten 78–81.

Seite 50ff.: Les Contes De Perrault, Paris, Librairie De Théodore Lefèvre Et Cie Émile Guérin, Editeur (o.J.). Seiten 23ff.

Seite 59 und 62: Peter Grubbe, Grausamkeit macht Kindern Mut. In: Stern Nr. 51/1977. Seiten 168 und 171.

Seite 65ff.: Ludwig Tieck, Schriften Band 2, Berlin 1928. Seiten 328ff.

Seite 73f.: Norbert Feinäugle (Hg.), Satirische Texte. Arbeitstexte für den Unterricht. Reclam Verlag, Stuttgart 1976 (und 1979). Seiten 68–70.

Seite 74f.: James Thurber, 75 Fabeln für Zeitgenossen, Hamburg 1967. Seite 10.

Seite 75ff.: Tomi Ungerer, Tomi Ungerers Märchenbuch. Diogenes, Zürich 1975. Seiten 84–91.

Seite 80f.: Iring Fetscher, Wer hat Dornröschen wachgeküßt? Das Märchen-Verwirrbuch. Claassen Verlag, Hamburg u. Düsseldorf 1972. Seiten 28 und 29. (Zitiert wurde nach der Fischer Taschenbuchausgabe.)

Seite 85f.: Emanuel Eckardt, Die letzten Heuler. In: Stern Nr. 3/1979. Seite 36.

Seite 89ff.: Walther von der Vogelweide. Gedichte. Mittelhochdeutscher Text und Übertragung. Ausgewählt, übersetzt und mit einem Kommentar versehen von Peter Wapnewski. Fischer Taschenbuch Verlag, Frankfurt/M. 1976. Seite 80.

Seite 92: Johann Georg Estor, a.a.O., Seite 73ff.

Seite 10: Hans Traxler, Die Wahrheit über Hänsel und Gretel. Bärmeier und Nikel, Frankfurt/M. 1963. (Zitiert wurde nach der Heyne Taschenbuchausgabe.)

Die Welt der Märchen

Afrikanische Märchen
Band 969

Afrikanische Märchen und Legenden
Band 2843
(in Vorbereitung)

Arabische Märchen aus dem Morgenland
Band 1987

Arabische Märchen aus Nordafrika
Band 2802

Chinesische Märchen
Band 1408

Deutsche Volksmärchen seit Grimm
Band 1175

Englische Märchen
Band 1726

Erotische Märchen aus Rußland
Band 1823

Iring Fetscher
Wer hat Dornröschen wachgeküßt?
Das Märchen-Verwirrbuch
Band 1446

Französische Märchen
Band 1153

Indianermärchen aus Kanada
Band 2806

Indianermärchen aus Mexiko
Band 2824

Fischer Taschenbuch Verlag

Die Welt der Märchen

Wie das Känguruh seinen Schwanz bekam
Märchen der australischen Ureinwohner
Band 2846

Eulenruf und Geistertanz
Märchen der Sioux und Cheyenne
Band 2836

Märchen des Schwarzen Amerika
Band 1497

Neue Jüdische Märchen
Band 2016

Niederländische Märchen
Band 2839

Preußische Märchen
Band 2820

Skandinavische Volksmärchen
Band 1321

Spanische Märchen
Band 1203

Südamerikanische Märchen
Band 1337

Alexej Tolstoi
Märchen aus Rußland
Band 1631

Türkische Märchen
Band 2840

Zigeunermärchen aus Ungarn
Band 1743

Fischer Taschenbuch Verlag

Literaturwissenschaft

Althochdeutsche Literatur
Mit Proben aus dem Altniederdeutschen. Ausgewählte Texte mit Übertragungen und Anmerkungen.
Band 6455

Antonin Artaud
Das Theater und sein Double
Band 6451

Hermann Bausinger
Dialekte
Sprachbarrieren. Sondersprachen
Band 6145

Jan Berg u.a.
Sozialgeschichte der deutschen Literatur von 1918 bis zur Gegenwart. Band 6475

Otto F. Best
Handbuch literarischer Fachbegriffe
Definitionen und Beispiele
Überarbeitete und stark erweiterte Ausgabe
Band 6478

Abenteuer – Wonnetraum aus Flucht und Ferne
Geschichte und Deutung
Band 6453

Karl Corino (Hrsg.)
Autoren im Exil
Band 6458

Johannes Erben
Deutsche Grammatik
Ein Leitfaden
Band 6051

Hartmann von Aue
Erec
Mittelhochdeutscher Text und Übertragung
Band 6017

Der arme Heinrich
Mittelhochdeutscher Text und Übertragung
Band 6138

Frederik Hetmann
Traumgesicht und Zauberspur
Märchen-Wissen
Band 6456

Kindlers Literaturgeschichte der Gegenwart
Aktualisierte und vollständig überarbeitete Ausgabe
12 Bände in Kassette
Band 6460

Klassiker heute
Zwischen Klassik und Romantik
Herausgegeben von Hans-Christian Kirsch
Band 3024

Klassiker heute
Die Zeit des Expressionismus
Herausgegeben von Brigitte Dörlamm und Hans-Christian Kirsch
Band 3026

Dieter Kühn
Luftkrieg als Abenteuer
Kampfschrift
Band 1998